汽车科普大讲堂系列

一本书看懂新能源汽车

二师兄汽车内容团队　组编

汪港　等　编著

机械工业出版社
CHINA MACHINE PRESS

本书以作者多年来与读者交流中围绕新能源汽车的相关疑难问题为基础，汇总、分类并整理出 200 个问答知识，内容包括新能源汽车概述、插电混合动力汽车、纯电动汽车、燃料电池汽车、新能源汽车动力电池、新能源汽车驱动电机、新能源汽车关键技术、新能源汽车充电、新能源汽车的现状和未来共 9 章，试图用简洁通俗的文字和直观易懂的图片对新能源汽车的原理、设计、关键技术，以及新能源汽车用户充电、安全、驾驶、养护等用车生活相关的问题进行了一一解答，针对部分问题还配有解析视频。希望读者通过阅读本书，快速理解新能源汽车相关的知识，对新能源汽车有一个初步的认识和了解。

图书在版编目（CIP）数据

一本书看懂新能源汽车 / 汪港等编著；二师兄汽车内容团队组编. — 北京：机械工业出版社，2022.10（2025.3重印）
（汽车科普大讲堂系列）
ISBN 978-7-111-71640-2

Ⅰ.①一… Ⅱ.①汪… ②二… Ⅲ.①新能源-汽车-普及读物 Ⅳ.①U469.7-49

中国版本图书馆CIP数据核字（2022）第173139号

机械工业出版社（北京市百万庄大街22号　邮政编码100037）
策划编辑：张　萍　徐　霆　　责任编辑：张　萍　徐　霆
责任校对：贾海霞　王　延　　封面设计：马精明
责任印制：常天培
北京机工印刷厂有限公司印刷

2025年3月第1版第5次印刷
184mm×260mm・15.5印张・317千字
标准书号：ISBN 978-7-111-71640-2
定价：88.00元

电话服务		网络服务	
客服电话：	010-88361066	机 工 官 网：	www.cmpbook.com
	010-88379833	机 工 官 博：	weibo.com/cmp1952
	010-68326294	金 书 网：	www.golden-book.com
封底无防伪标均为盗版		机工教育服务网：	www.cmpedu.com

《一本书看懂新能源汽车》

编写委员会

主　任　陈　力
副主任　汪　港　朱　平
委　员　盛　岚　赵琳玲　刘成龙　秦　超
　　　　　　李志鹏　卢　勇　张子阳　李　绅

前　言

时至今日，新能源汽车已经成为了当下汽车工业发展的热点。从国家政策来讲，制造强国战略明确提出纯电动和插电式混合动力汽车、燃料电池电动汽车是国内未来重点发展的方向；从行业来看，各大汽车品牌也在新能源领域高歌猛进，各大车企新能源汽车新车型络绎不绝，也涌现出了许多新能源汽车新品牌、新车型；从消费端来看，近年来在政策的支持下，购买电动汽车的消费者数量大幅增长，新能源汽车用户数量也急剧增加，新能源汽车已经走进了许多人的日常生活之中。

与传统燃油汽车相比，新能源汽车种类更多，且设计理念、工作原理、关键技术、研发制造、保养维护等多个方面都与传统燃油汽车存在极大的差别，并且，在消费升级的趋势之下，新能源汽车的智能化、网联化、自动化以及新能源汽车的安全性、舒适性、环保性等，都成为了许多消费者关注的重点。

笔者与汽车渊源颇深，自多年前毕业后进入车企进行研发工作以来，便从未停止过对于汽车领域专业知识的学习，在外派德国时期也与多位业内资深人士探讨汽车设计工作，先后任职于大众、福特等车企，先后参与过10余款车型的设计，其中就包括两款基于纯电平台的量产B级电动汽车和一款预研的C级电动汽车，与广大同行一起，深耕新能源汽车的研发设计。自2014年开始，笔者便持续在网络发表各类汽车设计相关内容，一方面是对于个人知识的总结，另一方面也是督促自己能更为全面地熟悉汽车这个复杂的系统。笔者迄今已创作汽车相关内容数千篇，全网络累计阅读量逾9亿次，其中新能源汽车相关内容占有不小的比例。

正因为一直都身处汽车行业，越来越多的朋友和读者都会就买车、用车等相关的问题与我进行讨论。在与读者朋友们互动之时我便发现，许多消费者对于新能源汽车的认知水平还亟待提升；而纵观网络，亦有大量的新能源汽车相关的疑难问题亟待解答，这也表明：在中国市场汽车尤其是新能源汽车的普及速度，远远超过了中国消费者汽车相关知识的普及速度，大量消费者对于新能源汽车有着浓厚的兴趣，但部分网络上和刊物上的解读或太过专业不易理解，或过于片面零散，存在一定的认知偏差。

因此，笔者试图基于自己和朋友们多年来积累的新能源汽车专业知识，结合汽车科普内容创作的经验，系统性地为消费者普及新能源汽车相关知识，让读者对各种新能源汽车的设计、研发、生产、制造、保养、维护等有初步的了解。

本书与《一本书读懂智能低碳汽车》《一本书看懂智能网联汽车》等书一起，依托于上海市科委"一区一特"重大科普项目——嘉定智能低碳汽车科普生态建设项目（项目编号：20DZ2306500）的支持开展编撰工作，汇聚了消费者对于新能源汽车关注度极高的200个问题，并以问答的形式重点介绍了有关新能源汽车的基础知识，具体包括新能源汽车的分类、各类新能源汽车的特点、新能源汽车动力电池、新能源汽车驱动电机、新能源汽车关键技术、新能源汽车充电等方面。在本书的最后，也结合个人的理解分享了对新能源汽车现状及其未来发展趋势的分析，试图用通俗易懂的文字和直观清晰的配图来增强读者的理解。

中国汽车工业的飞速发展，离不开众多汽车人的兢兢业业、勤勤恳恳、不断挑战、不断突破。作为后来者，在几十年的积累之下，目前中国汽车品牌已经可以做到独立自主，虽然燃油汽车领域与国外相比仍有差距，但仍在不懈努力；而在新能源汽车方面，中国车企的成绩有目共睹，作为一名汽车行业从业者，深感自豪。但同时，行业变革的速度之快，也使得当下的消费者对新能源汽车有着更迫切的认知需求，希望本书能够为读者进行些许答疑解惑。

在本书的编写过程中，丛书编委会主任同济大学汽车学院陈力教授给予了诸多指导和帮助，笔者共事多年的朋友朱平先生主持了第4章、第5章、第7章内容的编写，在此表示深深的感谢；除此之外，赵琳玲、盛岚为本书的顺利出版提供了莫大的支持与帮助，笔者在内容创作过程中亦得到了刘成龙、秦超、李志鹏、卢勇、张子阳、李绅等汽车行业资深人士的指教，在此一并表示谢意；也感谢比亚迪汽车、威马汽车、岚图汽车、高合汽车、智己汽车、上汽通用汽车等各大车企在本书创作过程中提供的文字、图片和视频等素材，特别感谢同济大学汽车学院、中国人才研究会汽车人才专业委员会、乘用车市场信息联席会、上海市科普作家协会、盖世汽车、液态空间开放式创新平台、北京迅孚技术咨询有限公司、脉珈特（上海）设计咨询有限公司等单位相关人员对本书内容提供的咨询支持；在本书的创作过程中，笔者有部分参考素材引自于诸多车企官网，在此一并致谢；此外，本书的部分内容也引用了一些网络上的资料和图片，特向其作者和图片拍摄者、制作者表示深切的谢意。

由于编者水平有限，再加上新能源汽车技术日新月异，书中不妥及错误之处在所难免，恳请读者不吝指正。读者有任何意见和建议请发送至ershixiongcar@163.com，以便后续修订。

目 录

前言

第 1 章 新能源汽车概述
问题 001—010

问题001　什么是新能源汽车？ /001
问题002　新能源汽车有哪些种类？ /001
问题003　什么是串联式插电混合动力汽车？ /003
问题004　什么是并联式插电混合动力汽车？ /004
问题005　什么是混联式插电混合动力汽车？ /005
问题006　什么是纯电动汽车？ /006
问题007　为什么不可外接充电的混合动力汽车不是新能源汽车？ /007
问题008　什么是燃料电池汽车？ /008
问题009　为什么48V轻混车型不归属于新能源汽车？ /009
问题010　新能源汽车与传统燃油车有哪些本质区别？ /012

第 2 章 插电混合动力汽车
问题 011—020

问题011　串联式插电混合动力汽车有什么优缺点？ /015
问题012　增程式插电混合动力汽车是串联式吗？ /016
问题013　增程式插电混合动力汽车有哪些工作模式？ /016
问题014　增程式插电混合动力汽车为何没有成为主流？ /020
问题015　并联式插电混合动力汽车有什么优缺点？ /021
问题016　并联式插电混合动力汽车有哪些工作模式？ /022
问题017　混联式插电混合动力汽车有什么优缺点？ /024
问题018　混联式插电混合动力汽车的发动机和电动机有哪些工作模式？ /024
问题019　为什么大部分插电混合动力汽车没有快充口？ /028
问题020　插电混合动力汽车的电池包一般安装在车上什么位置？ /029

第 3 章
纯电动汽车

问题 021——049

问题021	纯电动汽车有什么优缺点？ / 031
问题022	前置电机、后置电机和双电机有什么区别？ / 031
问题023	为什么纯电动汽车的制动片十分耐用？ / 033
问题024	纯电动汽车的四驱和燃油汽车的四驱有何区别？ / 033
问题025	为什么纯电动汽车可以采用"封闭式前脸"？ / 035
问题026	纯电动汽车的"四轮四角"是什么意思？ / 037
问题027	为什么纯电动汽车空间利用率可以更高？ / 039
问题028	为什么纯电动汽车要更注重低风阻设计？ / 040
问题029	风阻对纯电动汽车的续驶里程有何影响？ / 040
问题030	低风阻对纯电动汽车有哪些好处？ / 041
问题031	纯电动汽车有哪些优化风阻的方法？ / 043
问题032	纯电动汽车的"前圆后方"是什么意思？ / 044
问题033	为什么纯电动汽车可以设计"前行李舱"？ / 045
问题034	为什么纯电动汽车的轴距都很长？ / 046
问题035	为什么纯电动汽车的"C 点"更靠前？ / 048
问题036	为什么越来越多的纯电动汽车采用隐藏式门把手？ / 049
问题037	为什么越来越多的纯电动汽车前排有贯穿式储物盒设计？ / 050
问题038	为什么多数纯电动汽车后排中部没有"凸起"？ / 051
问题039	为什么许多纯电动汽车不配备备胎？ / 052
问题040	为什么纯电动汽车喜欢在车内设计那么多大屏？ / 053
问题041	为什么纯电动汽车需要设置"低速报警系统"？ / 054
问题042	为什么纯电动汽车的牌照框要比燃油车的大一些？ / 055
问题043	为什么纯电动汽车没有手动档？ / 056
问题044	纯电动汽车是如何调节车速的？ / 057
问题045	什么是纯电动汽车的"单踏板控制"？ / 058
问题046	纯电动汽车的电耗一般是多少？ / 059
问题047	纯电动汽车的续驶里程现在到什么水平了？ / 061
问题048	纯电动汽车能不能跑长途？ / 062
问题049	"油改电"的纯电动汽车值得买吗？ / 063

第 4 章
燃料电池汽车
问题 050——062

- 问题050　燃料电池汽车有哪些分类？ / 066
- 问题051　氢燃料电池汽车由哪几部分组成？ / 067
- 问题052　氢燃料电池的工作原理是怎样的？ / 068
- 问题053　氢燃料电池汽车有什么优缺点？ / 069
- 问题054　气温低于 0℃ 时氢燃料电池汽车还能开吗？ / 071
- 问题055　氢燃料电池的氢气是从哪儿来的？ / 071
- 问题056　氢燃料电池的氢气如何储存？ / 072
- 问题057　什么是氢燃料电池汽车供氢系统的核心？ / 074
- 问题058　氢燃料电池汽车的核心难点是什么？ / 074
- 问题059　氢燃料汽车是"行走的氢弹"吗？ / 076
- 问题060　氢燃料电池汽车有哪些典型代表？ / 077
- 问题061　氢燃料电池汽车的用车成本高吗？ / 079
- 问题062　为什么氢燃料电池汽车目前没有大规模普及？ / 080

第 5 章
新能源汽车动力电池
问题 063——118

- 问题063　电池按能量来源形式如何分类？ / 081
- 问题064　电池按封装形式如何分类？ / 082
- 问题065　电池按原材料如何分类？ / 083
- 问题066　什么是电池电压？ / 084
- 问题067　什么是电池容量？ / 085
- 问题068　什么是荷电状态（SOC）？ / 085
- 问题069　什么是健康状态（SOH）？ / 086
- 问题070　什么是放电深度（DoD）？ / 086
- 问题071　什么是电池能量？ / 086
- 问题072　什么是电池密度？ / 087
- 问题073　为什么单体电池能量密度要高于电池系统能量密度？ / 088
- 问题074　什么是电池效率？ / 088
- 问题075　什么是电池寿命？ / 088
- 问题076　充放循环次数与电池充电次数有什么区别？ / 089
- 问题077　什么是电池一致性？ / 090
- 问题078　什么是电池放电？ / 092
- 问题079　什么是电池自放电？ / 093
- 问题080　单体电池是如何组成电池包的？ / 094

问题081	什么是铅酸电池？/ 095
问题082	什么是镍镉电池？/ 095
问题083	什么是镍氢电池？/ 096
问题084	锂电池的工作原理是什么？/ 097
问题085	不同类型电池的主要性能指标有何差别？/ 098
问题086	锂电池有哪些分类？/ 099
问题087	锰酸锂电池有什么优缺点？/ 099
问题088	磷酸铁锂电池有什么优缺点？/ 099
问题089	三元锂电池有什么优缺点？/ 100
问题090	不同锂电池的主要性能指标有何差别？/ 100
问题091	什么是锂电池的正确充电方式？/ 101
问题092	什么是"刀片电池"？/ 102
问题093	什么是"弹匣电池"？/ 104
问题094	什么是"固态电池"？/ 106
问题095	什么是电池能量密度？/ 107
问题096	什么是 18650 电池？/ 108
问题097	什么是 21700 电池？/ 109
问题098	什么是 811 电池？/ 109
问题099	什么是 4680 电池？/ 110
问题100	什么是电池包 IP 防护等级？/ 111
问题101	为什么不同厂家的电池包不能通用？/ 112
问题102	什么是能量回收？/ 113
问题103	为什么锂电池要"浅充浅放"？/ 114
问题104	"V2L 对外放电"是什么功能？/ 114
问题105	什么是 NEDC 续驶里程？/ 116
问题106	什么是 WLTP 续驶里程？/ 117
问题107	什么是 CLTC 续驶里程？/ 119
问题108	什么是 EPA 续驶里程？/ 120
问题109	电动汽车的电池包有多安全？/ 122
问题110	电池容量越大续驶里程就一定越长吗？/ 125
问题111	为何纯电动汽车跑高速续驶里程就掉得快？/ 125
问题112	冬季续驶里程为何与夏季差这么多？/ 126
问题113	怎么延长新能源汽车电池包寿命？/ 127

问题114　电池"热失控"是什么意思？/ 128
问题115　电动汽车为什么会自燃？/ 129
问题116　新能源汽车自燃概率比燃油车要大很多吗？/ 130
问题117　如何降低电动汽车自燃的概率？/ 131
问题118　电池的技术瓶颈究竟在哪？/ 132

第6章 新能源汽车驱动电机

问题 119—134

问题119　新能源汽车驱动电机有哪些主要的性能指标？/ 133
问题120　新能源汽车的电机有哪些种类？/ 134
问题121　什么是直流电机？/ 134
问题122　什么是异步电机？/ 135
问题123　什么是永磁同步电机？/ 136
问题124　什么是开关磁阻电机？/ 137
问题125　什么是轮毂电机？/ 138
问题126　什么是轮边电机？/ 140
问题127　电机一般安装在车上的什么位置？/ 140
问题128　为什么电机的起步速度非常快？/ 141
问题129　为什么新能源汽车加速性可以秒杀燃油车？/ 141
问题130　新能源汽车加速为什么会有"口哨声"？/ 143
问题131　什么是电机减速器？/ 143
问题132　新能源汽车电机减速器和燃油车变速器有何区别？/ 144
问题133　为什么新能源汽车的最高车速往往比不过燃油车？/ 145
问题134　"地板油"会对电机造成寿命衰减吗？/ 146

第7章 新能源汽车关键技术

问题 135—166

问题135　什么是新能源汽车的"三电"系统？/ 147
问题136　什么是电池系统？/ 148
问题137　什么是电驱系统？/ 148
问题138　什么是"电驱三合一"？/ 149
问题139　什么是"电驱四合一"？/ 150
问题140　什么是电控系统？/ 150
问题141　什么是"高压三合一"？/ 151
问题142　什么是电池管理系统？/ 152

问题143 锂电池的最佳工作温度区间是多少？/ 154

问题144 电池包是如何做到不畏酷暑不惧严寒的？/ 154

问题145 什么是冷却器（Chiller）？/ 155

问题146 什么是PTC加热器？/ 156

问题147 什么是热泵技术？/ 156

问题148 动力电池是怎么散热的？/ 158

问题149 动力电池是怎么抗寒的？/ 160

问题150 什么是整车控制器（VCU）？/ 161

问题151 整车控制器有哪些主要功能？/ 162

问题152 整车控制器的车辆行驶控制模式有哪些？/ 163

问题153 什么是高压配电盒（PDU）？/ 164

问题154 什么是车载充电机（OBC）？/ 165

问题155 什么是直流/直流变换器（DC/DC）？/ 165

问题156 什么是IGBT？/ 166

问题157 什么是SiC？/ 167

问题158 纯电动汽车是如何为车内制冷制暖的？/ 168

问题159 什么是CTC技术？/ 170

问题160 新能源汽车有多大的辐射？/ 172

问题161 新能源汽车的辐射比燃油汽车要高吗？/ 176

问题162 新能源汽车的辐射会致癌吗？/ 179

问题163 纯电动汽车的高压线是如何分布的？/ 179

问题164 "高压互锁"是什么意思？/ 180

问题165 纯电动汽车的高压安全是如何控制的？/ 181

问题166 纯电动汽车需要经历哪些严苛测试才能量产？/ 182

第 8 章
新能源汽车充电

问题167 直流快充和交流慢充分别是什么原理？/ 184

问题168 如何区分直流快充口和交流慢充口？/ 185

问题169 直流快充充电桩和交流慢充充电桩有何区别？/ 185

问题170 为什么快充都是充电到80%而不能把电充满？/ 186

问题171 什么是智能预约充电？/ 188

问题172 "过度放电"有什么危害？/ 189

问题173 "过度充电"有什么危害？/ 190

问题174	工程师如何防止"过放过充"？ /190
问题175	消费者用车还有必要担心过充吗？ /190
问题176	长期用直流快充会不会缩短电池寿命？ / /191
问题177	充电速度到底是被什么因素限制住了？ /192
问题178	电池反复充电会过热从而引发火灾或者爆炸吗？ /192
问题179	什么是"锁电"？ /193
问题180	如何才能快速为电动汽车"补能"？ /194
问题181	"800V 快充"到底有多快？ /194
问题182	谁在拖"800V 快充"的后腿？ /195
问题183	目前"800V 快充"有何进展？ /197
问题184	什么是纯电动汽车的换电模式？ /199
问题185	什么是纯电动汽车的无线充电？ /199
问题186	什么是纯电动汽车的移动充电？ /202

第 9 章
新能源汽车的现状和未来
问题 187——200

问题187	新能源汽车的保值率怎么样？ /204
问题188	新能源汽车故障率高不高？ /206
问题189	越野车能全面电动化吗？ /208
问题190	新能源汽车电池"退役"后如何处理？ /209
问题191	纯电动汽车是"真环保"还是"伪环保"？ /211
问题192	购买新能源汽车有哪些补贴政策？ /215
问题193	停售燃油车到底是不是大势所趋？ /216
问题194	插电混合动力汽车会最终消亡吗？ /218
问题195	新能源汽车的普及率目前如何？ /219
问题196	纯电动汽车大规模普及还有哪些障碍？ /223
问题197	新能源汽车何时会彻底取代燃油车？ /225
问题198	插电混动、纯电动、燃料电池谁将主导新能源车市？ /227
问题199	氢燃料电池汽车未来有怎样的发展规划？ /231
问题200	全民新能源时代何时会到来？ /233

参考文献 /235

问题001—010

第1章
新能源汽车概述

问题001　什么是新能源汽车？

依据2020年7月30日中华人民共和国工业和信息化部公布的《工业和信息化部关于修改〈新能源汽车生产企业及产品准入管理规定〉的决定》，新能源汽车是指采用新型动力系统，完全或者主要依靠新型能源驱动的汽车，包括插电式混合动力（含增程式）汽车、纯电动汽车和燃料电池汽车等，如图1-1所示。

图1-1　新能源汽车

问题002　新能源汽车有哪些种类？

一提起新能源汽车，大部分人可能只知道纯电动汽车，但实际上新能源汽车的种类很多。概括性总结的话，主要就包括插电式混合动力汽车、纯电动汽车和燃料电池汽车三大类，而在这三大类之中，某些大类下面按照形式的不同又可以细分出更多的种类，如图1-2所示。

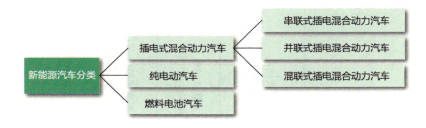

图1-2　新能源汽车分类概览

每种类型的新能源汽车都有着各自的优缺点，见表1-1。其中，相对而言，纯电动汽车及燃料电池汽车的结构会简单一些，能量的来源是电能或者燃料，且均由电动机经

表1-1 不同新能源汽车优缺点分析

类型		特点	能量来源		优点	缺点	代表车型
			燃料	电能			
纯电动汽车		只用电动机驱动汽车		电能	▶ 零排放 ▶ 不烧油 ▶ 有补贴	▶ 需装充电桩 ▶ 里程焦虑 ▶ 充电时间长 ▶ 成本比较高	特斯拉、蔚来、小鹏等车企旗下车型
插电式混合动力汽车	串联式插电混合动力汽车	只用电动机驱动汽车（用内燃机+外接电源为电池包充电）	燃料	电能	▶ 部分有补贴 ▶ 续驶里程与燃油车相当 ▶ 燃油经济性比燃油车好	▶ 需烧油 ▶ 纯电里程短 ▶ 会污染环境 ▶ 需装充电桩 ▶ 成本比燃油车高	理想ONE
	并联式插电混合动力汽车	使用发动机或和电动机驱动（用外接电源为电池包充电）	燃料	电能			荣威e550
	混联式插电混合动力汽车	使用发动机或和电动机驱动（用外接电源为电池包充电）	燃料	电能			搭载比亚迪DM-i技术的车型
燃料电池汽车		只用电动机驱动汽车（用燃料经电化学反应产生的电能为动力源）	燃料		▶ 零排放 ▶ 不烧油 ▶ 不充电 ▶ 无里程焦虑 ▶ 补能速度快	▶ 成本很高 ▶ 燃料制造成本高 ▶ 燃料储存成本高 ▶ 燃料站未普及	现代NEXO

减速器驱动车轮。反观插电混合动力汽车，结构就比较复杂了，都搭载了发动机及电动机，驱动车辆行驶的能量来源包括燃料和电能。

整体来看，插电混动车型是一种折中方案，它既有燃油车的发动机、油箱，也有纯电动汽车型的电池、电机和电控系统。从理论上来说，插电混动车型综合了燃油车和电动车的各种优点，这是它受到消费者欢迎的主要原因。

但折中方案就是折中方案，在综合燃油车和电动车优势的同时，它也同时具备了这两种车型的缺点，譬如售价较高、纯电续驶里程短、大多数只配有慢充、保养成本较高等。

问题003 什么是串联式插电混合动力汽车？

串联式插电混合动力汽车（Series Hybrid Electric Vehicle，SHEV）的名称中"串"字可以简单理解为发动机和电动机是"串"起来驱动汽车的。它有一个喜闻乐见的别名——增程式混合动力汽车。其工作原理如图1-3所示。

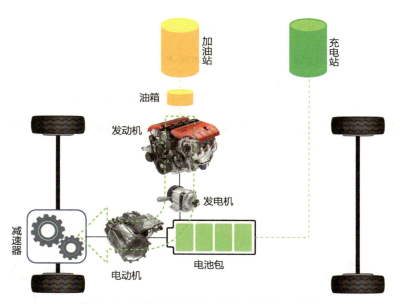

图1-3 串联式插电混合动力汽车动力示意图

这种驱动形式最大的特点是：发动机并不直接介入驱动，而是在电池电量不足或功率不足时带动发电机发电并将电能输入至电动机驱动车辆，多余电能会输入至电池包存储起来。图1-4所示为串联式混合动力汽车的代表车型宝马i3。

关于串联式插电混合动力汽车，可以这么去类比：一男一女两个人骑单人自行车，男人（电动机）负责踩踏板，女人（发动机）坐在后座无法踩踏板，但是可以在男人累的时候给他喂口水喝（给电动机输入电能），如此驱动车辆继续前行。

图 1-4　串联式插电混合动力汽车的代表车型宝马 i3

问题 004　什么是并联式插电混合动力汽车？

并联式插电混合动力汽车（Parallel Hybrid Electric Vehicle，PHEV）指的是发动机和电驱动系统可以各自分别来驱动车辆行驶（注意：PHEV还是Plug in Hybrid Electric Vehicle的缩写，意指插电式混合动力汽车）。其名称之中的"并"字可以简单理解为发动机和电动机是"并列"起来可以各自去驱动汽车的，工作原理如图1-5所示。

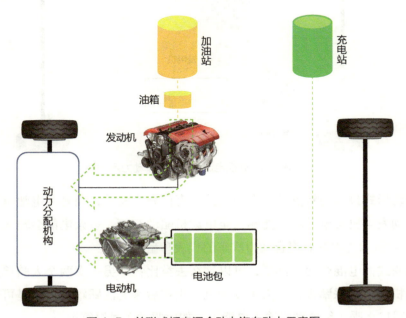

图 1-5　并联式插电混合动力汽车动力示意图

这种驱动形式最大的特点是：发动机和电动机会有一个动力分配机构完成动力耦合。简单理解的话，并联式混合动力汽车是在传统燃油汽车由发动机+变速器组成的动力总成的基础上加了一套纯电动汽车由电池包+电动机组成的动力总成，二者共同驱动车辆行驶。图1-6所示为并联式混合动力汽车的代表车型奔驰C350插电版。

图1-6 并联式插电混合动力汽车代表车型奔驰C350插电版

关于并联式插电混合动力汽车，可以这么去类比：一男一女两个人骑双人自行车，男人（电动机）负责踩前踏板，女人（发动机）负责踩后踏板，二人合力驱动自行车前行；这个过程中，无论是男人还是女人，都可以单独各自发力，也可以各自按实际需求选择休息。

问题005 什么是混联式插电混合动力汽车？

混联式插电混合动力汽车（Series-Parallel Hybrid Electric Vehicle，PSHEV）是在并联式混合动力驱动形式的基础上，从发动机的动力输出部分新增了一条能量传输路径：发动机除了可以驱动车轮之外，还可以通过发电机把能量传递到电池包。其工作原理如图1-7所示。

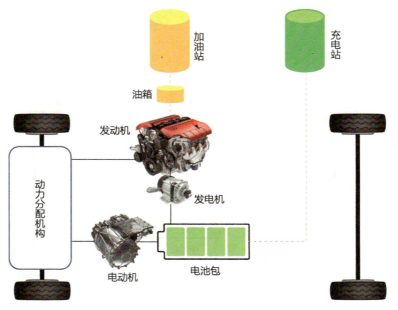

图1-7 混联式插电混合动力汽车动力示意图

混联式插电混合动力汽车中的"混"字，可以理解为混合了串联和并联两种驱动形式，也可以等同于在串联式混合动力方案的基础上增加了直接传动系统，从而可以在某些工况下让发动机直接驱动车辆。图1-8所示为混联式混合动力汽车的代表车型比亚迪宋Plus DM-i。

图 1-8　混联式插电混合动力汽车代表车型比亚迪宋 Plus DM-i

关于混联式插电混合动力汽车，可以这么去类比：一男一女两个人骑双人自行车，男人（电动机）负责踩前踏板；女人（发动机）可以踩后踏板，也可以在男人累的时候给他喂食物（给电动机输入电能），以让男人有力气继续骑行，二人在不同阶段通过不同的方式合力驱动自行车前行。

问题006　什么是纯电动汽车？

纯电动汽车（Battery Electric Vehicle，BEV）顾名思义就是只采用电力驱动的汽车，车辆的动力源是可充电的动力电池。相比于传统内燃机汽车而言，纯电动汽车取消了内燃机，其工作原理如图1-9所示。

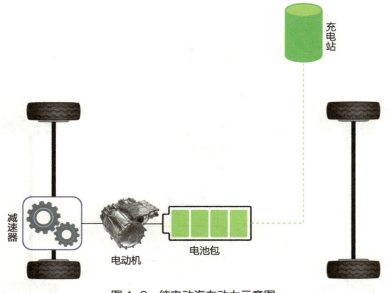

图 1-9　纯电动汽车动力示意图

由于纯电动汽车只需充电不烧油，汽车本身不存在尾气排放带来的污染等问题，因而被视为是新能源汽车的趋势。图1-10所示为纯电动汽车的代表车型奥迪e-tron。

图 1-10　纯电动汽车代表车型奥迪 e-tron

问题007　为什么不可外接充电的混合动力汽车不是新能源汽车？

从动力形式上来看，混合动力汽车可以分为串联式、并联式和混联式；从能量来源上，混合动力汽车又可以分为可外接充电的混合动力汽车和不可外接充电的混合动力汽车，如图1-11所示。

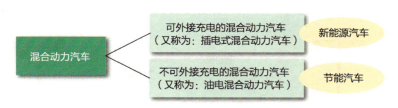

图 1-11　新能源汽车按是否可外接充电来分类

这其中，可外接充电的混合动力汽车又称为插电式混合动力汽车，归属于新能源汽车；不可外接充电的混合动力汽车由于采用的仍旧是传统的燃料，所以不能被归属为新能源汽车，在国内它被划分到了节能汽车的行列，也被称为油电混合动力汽车。

就能量来源来说，虽然油电混合动力汽车也有电池包，但这个电池包并没有充电口。它和汽油车一样只需到加油站加油，无需充电，其动力来源依旧是传统的内燃机。

相比同排量的纯内燃机汽车而言，有了电机加持的油电混合动力汽车动力性会更好，尤其是在起步加速时，电机可以有效地弥补内燃机低转速转矩不足的弱点。当车辆在制动、下坡等工况时，电池还可以回收部分能量，提高了能源利用率。

不过，油电混合动力汽车也有不足之处，虽然保养费用与传统燃油车型相当，但是其售价和维修费用都会比普通燃油车更高；另外就是电池容量小，所以车型不能享受新能源补贴。当然了，也因为它的电池容量小，所以这类车型不需要额外给汽车充电。

拓展阅读 说到不可外接充电的混合动力汽车的代表车型，必然绕不开丰田。丰田旗下的混动车型全球销量累计高达900万辆，世界上第一款量产油电混合动力汽车——普锐斯，更是贡献了丰田混合动力车型全球销量的40%，是当之无愧的"混动神车"（图1-12）。

图1-12 不可外接充电的混合动力汽车代表车型丰田普锐斯

问题008 什么是燃料电池汽车？

燃料电池汽车（Fuel Cell Electric Vehicle，FCEV）通常以氢气、甲醇等为燃料，通过化学反应产生电能驱动电机进行工作，电机产生的机械能经过变速传动装置传给驱动轮，从而驱动车辆行驶。其工作原理如图1-13所示。

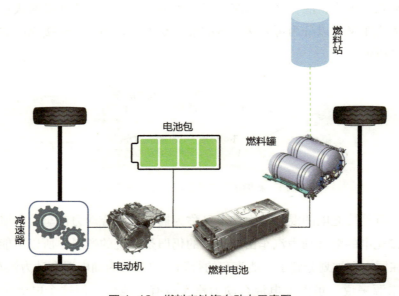

图1-13 燃料电池汽车动力示意图

氢燃料电池汽车的最终排放物只有水，而且，在其行驶过程中，还可净化空气，为解决环保问题带来了新的可能。图1-14所示为氢燃料电池汽车的代表车型现代NEXO，图1-15所示为现代NEXO的动力系统构成。

图 1-14 氢燃料电池汽车代表车型现代 NEXO

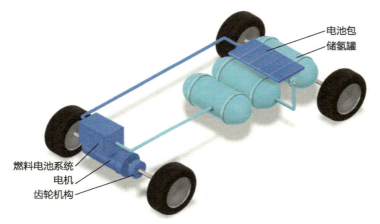

图 1-15 现代 NEXO 动力系统构成

二维码视频 1-1 现代 NEXO 氢燃料电池汽车驱动原理动画

问题 009 为什么 48V 轻混车型不归属于新能源汽车？

提到混合动力汽车，就不得不提一下48V轻混（弱混）系统。

实际上，48V轻混车型是在传统燃油车的基础上，把12V蓄电池更换为48V蓄电池或者直接加装48V动力电池，配上48V起动发电一体机和双向变换器等，利用48V起动发电一体机的动力来弥补内燃机的低转速转矩不足，从而达到省油的目的，如图1-16所示。

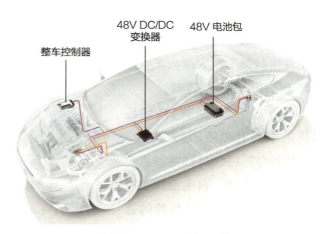

图 1-16 48V 轻混系统

在必要的时候，这套新增的48V电池还可以为其他电气系统供电，比如空调和电子涡轮增压器等，如图1-17所示。

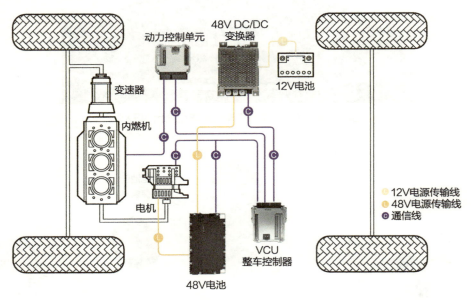

图1-17　48V轻混汽车供电示意图

这个时候可能有人就会问了：为什么偏偏是48V，而不是60V或者80V呢？

其实很简单，正常情况下人体的安全电压不超过50V，欧洲及其他多数国家的安全电压均采用此值，我国亦是如此。

并且，如果电压太高的话，就要考虑更苛刻的高压电路保护、电磁兼容性、车载电气系统的稳定性等问题了。这也是奥迪、宝马、戴姆勒、保时捷和大众联合推出48V系统并发布48V系统规范的原因。

48V系统低电压的属性使得其峰值功率有限，单独驱动车辆行驶较为困难，因而其主要目的是适时起动以改善发动机运行状态从而实现节能减排。所以，48V轻混车型并不能直接归类于新能源汽车，还是属于传统燃油车的范畴。

市面上常见的搭载48V轻混系统的车型有奔驰E级、奔驰S级、奥迪Q7以及宝马5系和凯迪拉克的部分车型，自主品牌中有吉利博瑞GE以及红旗品牌的部分车型。图1-18所示为奥迪Q7的48V轻混车型动力系统。

图1-18　奥迪Q7 48V轻混车型动力系统

拓展阅读 48V轻混车型（以别克英朗1.3T+48V为例）的5种工况如下：

1）敏捷起动工况：在起动车辆或是自动起停后的再起动瞬间，48V电机能够提供足够的转矩，快速起动发动机至目标怠速状态，且振动非常轻微，实现发动机敏捷平顺起动，如图1-19所示。

图1-19 48V轻混系统的敏捷起动工况

二维码视频1-2
48V轻混系统的敏捷起动工况动画

2）电动助力工况：48V电机可以在车辆加速阶段对发动机额外提供10kW的功率和5~20N·m的转矩助力，使车辆在保持动力性能相当的情况下，降低油耗，如图1-20所示。

图1-20 48V轻混系统的电动助力工况

二维码视频1-3
48V轻混系统的电动助力工况动画

3）智能充电工况：电池可以通过两种方式进行充电，在行驶过程中，混合动力控制单元会根据电池电量和发动机最优工况等特点，进入智能充电模式，将发动机动能转换为电能，如图1-21所示。

图1-21 48V轻混系统的智能充电工况

二维码视频1-4
48V轻混系统的智能充电工况动画

4）能量回收工况：当车辆处于断油滑行和制动减速的过程中，动能从车辆传动系统传递至发电机进行发电，将电能储存于48V电池之中，如图1-22所示。

二维码视频1-5
48V轻混系统的能量回收工况动画

图1-22　48V轻混系统的能量回收工况

5）电动怠速工况：当车辆在进行滑行或是低速状态下，系统可以智能控制关闭发动机，依靠48V电机输出转矩维持车速以及附件运转，以降低油耗，如图1-23所示。

二维码视频1-6
48V轻混系统的电动怠速工况动画

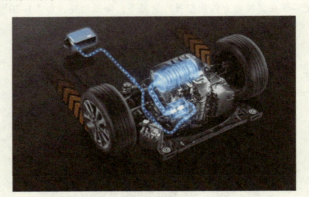

图1-23　48V轻混系统的电动怠速工况

问题010　新能源汽车与传统燃油车有哪些本质区别？

新能源汽车与传统燃油车的核心差别主要有两点：动力系统差异和能量来源差异。

（1）动力系统差异

在一个标准的燃油车上，发动机、变速器是整个动力系统的核心，其余的油箱、进气系统等都只起到辅助作用；而新能源汽车的电驱动系统核心则是电机、电池和电控，根据布置和车型的不同，这三者又会由若干个子系统构成。两者对比如图1-24所示。

传统燃油车

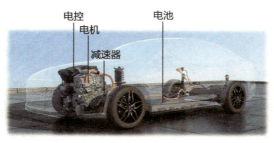

新能源汽车

图 1-24 传统燃油车和新能源汽车动力系统对比

当然，在新能源不同细分领域也会有显著区别。例如：插电混合动力汽车（PHEV）可能会有传统的变速器，充电系统也不会缺席；燃料电池汽车会多出燃料电池堆、空压机、氢气循环泵、DC/DC以及储氢瓶等部件，但电驱动的核心基本是不会改变的。

值得一提的是，由于电机不论是转速还是转矩范围都比同等规格的内燃机要广得多，所以，在大多数新能源汽车上与电机相连接的，并不是结构复杂的变速器，而是一个单级减速器（少数新能源汽车采用的是两级变速器）。因此，新能源汽车往往开起来要比燃油车更顺滑，同时起步加速时的转矩来得更为直接，这也是新能源汽车起步加速性能优于传统燃油车的主要原因。

（2）能量来源差异

显然，传统燃油车的动力来源是每次加注的汽油或者柴油，通过燃料与空气的混合气在发动机气缸中燃烧膨胀推动活塞做功，从而驱动车辆行驶；而新能源汽车动力来源更多的是电，由电能驱动布置在前后轴的永磁同步电机或者异步励磁电机转动，从而驱动车辆行驶。

而电能的来源又有着诸多的不同，比如，纯电动汽车（BEV）的电能是直接获取自电网，电网的电能则会有火电、风电、水电、核电等多种来源；插电式混合动力汽车的电能来源可以是直接获取自电网，也可以是通过内燃机驱动发电机从而产生的电能；燃料电池汽车（FCEV）的电能来自于燃料电池堆，燃料可以是氢气或甲烷等。

图1-25所示为传统燃油车和新能源汽车的能量来源差异对比。

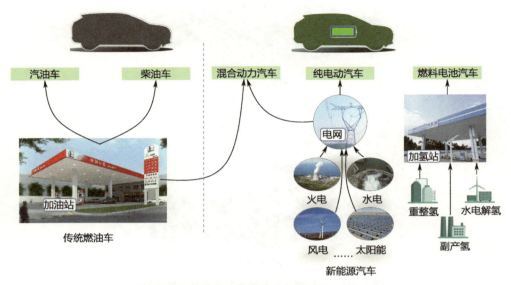

图 1-25 传统燃油车和新能源汽车能量来源差异对比

值得一提的是，由于电机的存在，新能源汽车在减速滑行时还可以将车辆行驶产生的动能转化成电能再充进电池包内，行驶时再释放出来驱动车辆，因而节能效果更为突出。

第 2 章
插电混合动力汽车

问题011 串联式插电混合动力汽车有什么优缺点？

串联式插电混合动力汽车的优点主要有以下三个方面。

首先，串联式插电混合动力汽车是电机直驱，减少了离合器、变速器等部件，结构更加简单，易于维修保养。

其次，相比于纯电动汽车，串联式插电混合动力汽车没有充电焦虑，只要有加油站就可以一直行驶下去；而相比于油电混合动力车型而言，插电混合动力车型在市区充电条件较好时，甚至都无需加油，足以满足短途纯电力行驶的需求。

此外，由于其发动机不直接驱动车轮，因此工况会简单很多，系统架构也会简单很多，结构设计和控制算法都大幅缩减。图2-1所示为雪佛兰Volt的串联式插电混合动力系统架构，图2-2所示为雪佛兰Volt。

不过，串联式插电混合动力汽车也有其自身的缺点。例如，由于发动机不直接驱动车轮，难免会造成了一部分功率的浪费，尤其是当我们长途行驶时，主要由发动机产生电力，电力再去驱动电机，因而其油耗也较高。

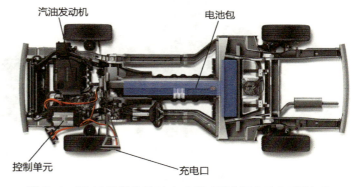

图2-1 2011款雪佛兰Volt串联式插电混合动力系统架构

图2-2 2011款雪佛兰Volt串联式插电混合动力汽车

问题 012　增程式插电混合动力汽车是串联式吗？

增程式混合动力汽车（Range Extended Electric Vehicle，REEV）是当下车市中另一个热度较高的细分种类，本质上也是一种串联式混合动力汽车。它的增程器其实也是一个发动机，不会直接驱动车轮，而是将发动机的动力转换为电能，最后由电机来驱动。

增程器指的是新能源汽车上能够提供额外的电能从而增加续驶里程的部件，传统意义上的增程器指的是发动机和发电机的组合，如图2-3所示。

一般而言，增程器可以在电池电量不足的情况下，使用其他能源（如汽油）进行电能补给从而驱动车辆行驶。对于搭载增程器的电动汽车而言，大部分情况下依然工作在纯电动模式，在一些特殊情况下（如电池包电量不足时）才会工作在增程模式。

> **拓展阅读**　增程式混合动力汽车典型的代表就是理想ONE，如图2-4所示。2021款理想ONE搭载了前后双电机＋1.2T三缸增程器（发动机），配备40.5kW·h电池包，纯电续驶里程达188km，油电综合续驶里程1080km。

图 2-3　某款增程器 3D 模型图

图 2-4　增程式混合动力汽车的代表车型理想 ONE

问题 013　增程式插电混合动力汽车有哪些工作模式？

虽然增程式插电混合动力汽车只用电机驱动，不使用内燃发动机进行驱动，也属于串联式插电混合动力汽车的一种，但是，对于某些较为先进的增程式插电混合动力汽车而言，在不同的工作模式之下，内部各个模块之间充当的角色并不一样。

以雪佛兰Volt为例，其主要有以下几种工作模式：

（1）EV 低速模式

处于EV低速模式时，离合器C1吸合，离合器C2、C3松开，增程器停转，行星齿轮机构内的齿圈被固定，主电机MG1推动太阳轮转动，行星架因太阳轮的转动而转动，把动力传输到动力分配机构并推动车轮转动，此时发电机MG2不工作。其实，这个模式就是现在的单电机纯电动汽车的驱动方式，如图2-5所示。

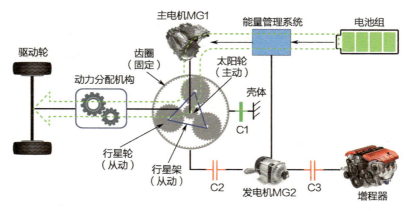

图2-5　EV低速模式示意图（增程器不工作）

（2）EV高速模式

处于EV高速模式时，离合器C2吸合，离合器C1、C3松开，增程器停转。发电机MG2此时充当电动机工作，推动行星齿轮机构内的齿圈转动。同时，功率较大的另一个主电机MG1推动太阳轮转动。齿圈和太阳轮同时转动，带动行星架转动，从而把动力传输到动力分配机构并推动车轮转动。这个模式就好像是运动会中的混双项目，男运动员和女运动员都可以协同发力以达目标，如图2-6所示。

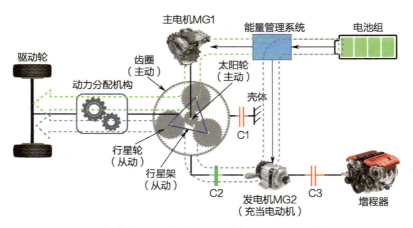

图2-6　EV高速模式示意图（增程器不工作）

（3）EREV混合低速模式

处于EREV混合低速模式时，离合器C1、C3吸合，离合器C2松开，增程器运转。此时，增程器带动发电机MG2发电，此时发电机MG2输出的电能一部分进入电池组为电池充电，另一部分为主电机MG1供电并推动行星齿轮机构内的太阳轮转动，由于齿圈固定，行星架跟随太阳轮转动，从而把动力传输到动力分配机构并推动车轮转动，如图2-7所示。

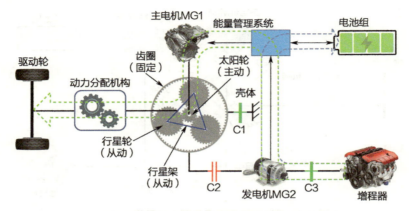

图2-7　EREV混合低速模式示意图（增程器工作）

（4）EREV混合高速模式

处于EREV混合高速模式时，离合器C2、C3吸合，离合器C1松开，增程器运转。此时，增程器与发电机MG2转子连接后推动行星齿轮机构内的齿圈转动同时发电，主电机MG1推动太阳轮转动。齿圈和太阳轮同时转动，带动行星架转动，从而把动力传输到动力分配机构并推动车轮转动，如图2-8所示。

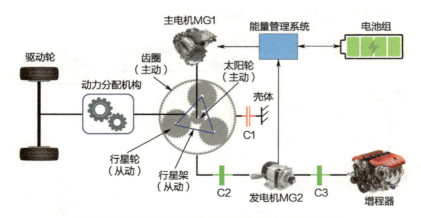

图2-8　EREV混合高速模式示意图（增程器工作）

（5）能量回收模式

处于能量回收模式时，离合器C1吸合，离合器C2、C3松开，增程器停转，发电机MG2不工作。车轮带动行星齿轮机构内的行星架和行星轮转动，由于齿圈固定，太阳轮随着行星架转动。此时，功率较大的主电机MG1作为发电机对电池充电，如图2-9所示。

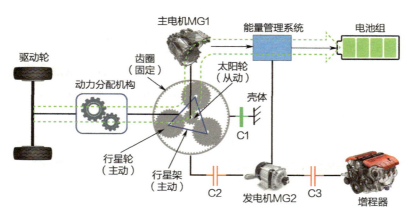

图 2-9 能量回收模式（增程器不工作）

值得一提的是，并非每一款增程式混合动力汽车都会和上述的五种模式一模一样，但是原理上都差不多。例如理想ONE，除了新能源汽车大都具备的能量回收模式之外，设置有纯电优先、燃油优先和油电混合三种模式，如图2-10所示。

图 2-10 理想 ONE 三种能源模式

在"纯电优先"模式下，理想ONE确实会优先使用动力电池里的余电，但不会一直用到电量干涸，当电量下降到20%（2020款理想ONE设置为17%）后，它的增程器便会起动，以保持电量不再降低。此时如果继续行驶，虽然是"纯电优先"模式，但增程器会持续工作，直到油箱里的汽油烧完才会允许电量继续降低。

之所以为纯电优先模式设置"电量下限"，一方面，在低电量状态下电池放电功率有衰减，会导致车辆的动力性能降低；另一方面，过低的电量会对电池寿命产生影响，尽可能避免超低电量状态有助于延长动力电池的使用寿命。因此，在家里、单位有充电条件，日常通勤使用纯电优先模式是最经济的选择。

和纯电模式不会一直用电一样，在燃油优先模式下，增程器也不是随时处于起动状态的，而是在电量处于70%或以下时才会起动。之所以有这个条件限制，是因为动力电池在电量较高时无法大功率充电（处于涓流充电状态），增程器的补能、动能回收的效率都会有所下降。在燃油优先的模式下，满电状态的理想ONE都会先跑40~50km才会起动增程器。

油电混合模式和燃油优先模式的差异主要体现在如下两点：首先，在油电混合模式下，增程器只会在电量处于80%或以下时才会起动；其次，在油电混合模式下，增程器在油电混合模式下会比燃油优先模式更"懒"一些，低速时不起动，在中高速工况下才会起动（这也是发电效率相对更高的工况）。

综合来看，对于理想ONE而言，纯电优先模式不会一直傻乎乎地把电耗尽，燃油优先和油电混合模式也会"视情况"用油，从而在保障驾驶体验、优化能耗的同时，保护电池。

问题014 增程式插电混合动力汽车为何没有成为主流？

增程式插电混合动力汽车实现节能的途径，运用的原理其实是"效率差"。

众所周知，在燃油车运转过程中，发动机并非一直工作在高效区间，这已经是行业共识，实际上，热效率从5%到40%都是燃油车发动机的工作区间，换句话说，燃油燃烧产生的能量，只有5%~40%（取决于内燃机的工况）的能量会转化为动能，其余的能量都被消耗掉了。尤其是发动机在较低转速的时候，工作效率并不高，经济性自然也就不好了。图2-11所示为某款1.5T发动机转速与转矩/功率关系图。

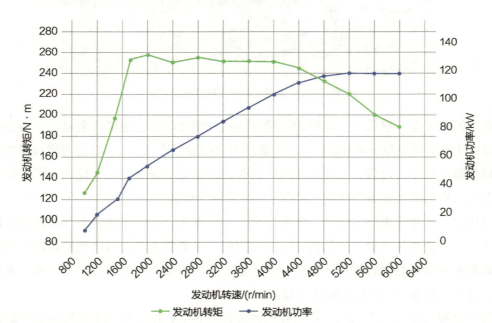

图 2-11 某款 1.5T 发动机转速与转矩/功率关系图

而电动机则刚好相反，其在中间转速区域效率最高，图2-12所示为某款电动机的转速与转矩/功率关系图。

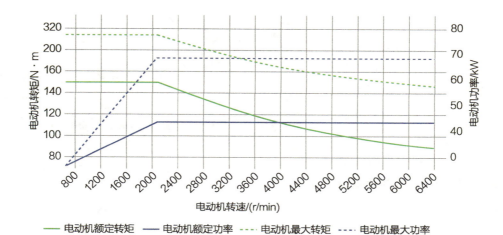

图 2-12　某款电动机转速与转矩/功率关系图

这便是增程式解决方案的根本思路：发动机与车辆的行驶驱动并不直接相连接，所以，发动机可以始终处在高转速高效率区间发电，用以驱动电动机，如果发动机有多余的能量输出，还可以用来给电池包充电，通过这样的方式，让发动机和电动机都可以在自己最经济的工况区间运行。

综合来看，增程式电动车的热效率可以保持在25%~40%，即便是在去掉发电机损失的一部分效率之后，增程式纯电动汽车也要比传统燃油节省不少燃油，这还没算上动能回收系统对经济性的补充。

可以用图2-13所示的一个公式来对比，增程式插电混合动力汽车的效率要优于燃油车。

增程专用发动机效率×发电机效率×电动机效率　>　燃油车发动机效率×变速器效率

图 2-13　增程式插电混合动力汽车与燃油车效率对比

不过，即使增程式电动汽车相比于传统燃油车优点多多，但还是改变不了这只是个受制于电池能量密度的过渡性方案。如果未来动力电池能量密度获得阶梯型提升的话，增程式电动汽车可能会是最先被淘汰的类型。

问题015　并联式插电混合动力汽车有什么优缺点？

并联式插电混合动力汽车的原理与串联式插电混合动力汽车刚好相反，从结构上来说仍然需要传统变速器的加持，甚至还要加上一套额外的部件以供电驱动介入，成本较高，例如大众、宝马等旗下早期的由燃油方案改为插电混动方案的混动车型基本上都是并联结构。图2-14所示的宝马5系插电式混合动力汽车便是典型的并联式插电混合动力汽车。

图2-14 宝马5系插电式混合动力汽车

并且，考虑到大多数并联式插电混合动力汽车的电动机位于变速器的输入端（即位于发动机和变速器之间），因而，在纯电模式下电动机输出的动力依然要经过变速器才能抵达车轮，相比于直接连接而言，效率要打一部分折扣。

但总体来说，这个方案对传统车企更为友好，可以以最小的改造代价，实现较好的动力性、经济性提升。

问题016 并联式插电混合动力汽车有哪些工作模式？

从驱动模式来看，并联式插电混合动力汽车与串联式插电混合动力汽车的工作模式基本一样，都具有纯电、纯燃油、油电混合三种驱动模式，如图2-15~图2-17所示。

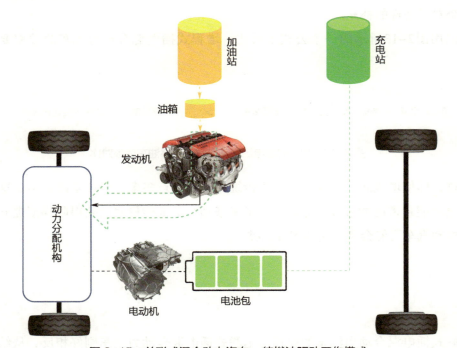

图2-15 并联式混合动力汽车-纯燃油驱动工作模式

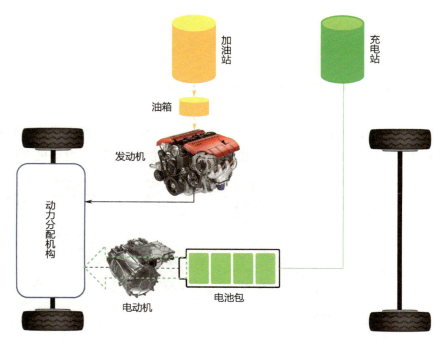

图 2-16 并联式混合动力汽车 - 纯电驱动工作模式

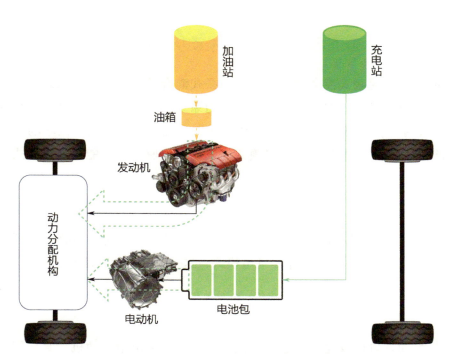

图 2-17 并联式混合动力汽车 - 油电混合驱动工作模式

问题017　混联式插电混合动力汽车有什么优缺点？

有人可能会认为，兼顾串并联两种结构的混联式插电混合动力系统应该是集大成者了。但这么说也并不全面。

从基本特性上来讲，混联式插电混合动力汽车确实做到了对两者优势的兼顾，既能在大多数工况下保证驱动系统的高效表现，还能做到在特殊工况下发动机直接驱动车辆行驶。具体来看，比亚迪旗下车型搭载的DM-i技术，便是混联式插电混合动力系统，如图2-18所示。

这类车型的缺点是，由于动力系统过于复杂，所以成本较高；另外，由于搭载的零部件更多了，车辆的自重也会有一定的增加。

图2-18　比亚迪DM-i技术

问题018　混联式插电混合动力汽车的发动机和电动机有哪些工作模式？

如之前所说，混联式混合动力系统是串联式混合动力系统和并联式混合动力系统的集成者，所以，其模式要比串联式混合动力系统或者并联式混合动力系统要复杂一些。接下来，我们以比亚迪DM-i为例来展开说明混联混合动力汽车的工作模式，主要包括纯电模式、串联模式、并联模式、发动机直驱模式、能量回收模式五种工作模式。

（1）纯电模式

纯电模式下，电池包的能量通过向电动机供能直接驱动车辆，如图2-19所示。在起步与低速行驶工况下，采用的通常是纯电模式，这一模式的特点是响应快、平顺性好、静谧性好。

（2）串联模式

发动机带动发电机发电，并通过电控系统将电能输出给电动机，直接用于驱动车轮，如图2-20所示。在城市工况下，驱动形式便有可能是串联模式，这一模式的特点是在保证强劲动力输出的情况下，可以兼顾低油耗。

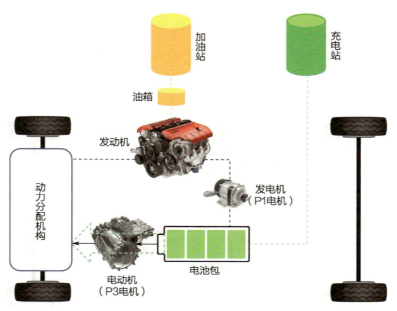

图2-19 混联式混合动力汽车工作模式－纯电模式

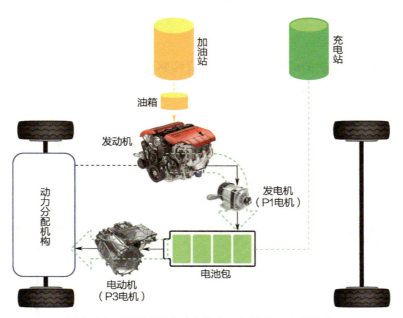

图2-20 混联式混合动力汽车工作模式－串联模式

(3)并联模式

当汽车动力需求比较高时,发动机会脱离经济功率去驱动车辆行驶,同时,控制系统会让电池包在合适的时间介入,提供电能给电动机,并与发动机"并"在一起去驱动车辆,如图2-21所示。在高速超车或者超高速行驶时便会采用并联模式,这一模式的特点是动力输出强劲且高效。

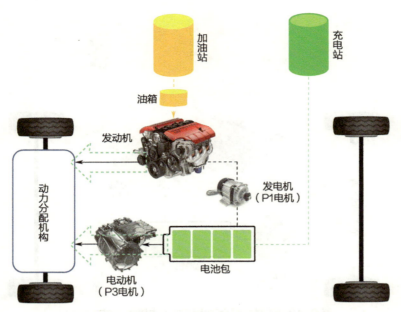

图 2-21　混联式混合动力汽车工作模式 - 并联模式

（4）发动机直驱模式

在高速公路匀速巡航的时候，发动机将直接驱动车轮，此时，发动机会持续稳定工作在高效率区，如图 2-22 所示。

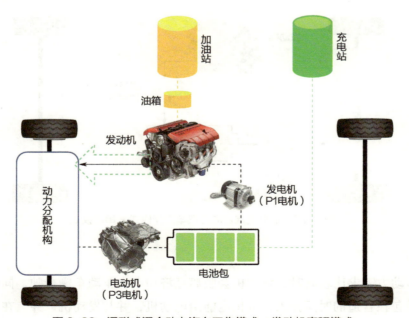

图 2-22　混联式混合动力汽车工作模式 - 发动机直驱模式

（5）能量回收模式

当制动时，动能通过驱动电机回收至电池包中，如图2-23所示。

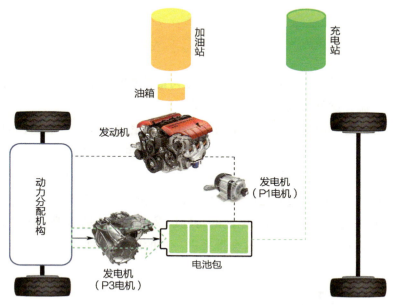

图2-23　混联式混合动力汽车工作模式-能量回收模式

在比亚迪的DM-i超级混动系统中，电机和发动机的关系如图2-24所示，整体来看我们可以简单理解为：当车辆需要大功率输出且内燃机功率不足时，由电池来补充；负荷较小时，富余的功率可给电池充电。目前市场上主流的混联式混合动力车型，基本在低速时都是由电机驱动，达到一定速度后发动机才会介入。

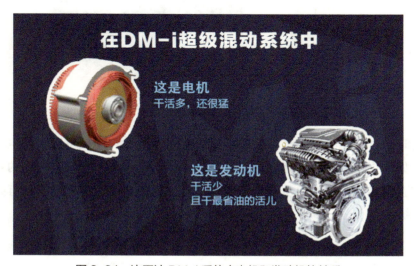

图2-24　比亚迪DM-i系统中电机和发动机的关系

> **拓展阅读** 在发动机直驱模式时，为了避免发动机能量的浪费，发电机和电动机会随时待命，一旦检测到发动机的功率有富余，便会及时介入将能量转化为电能，存储到电池中去。

问题019 为什么大部分插电混合动力汽车没有快充口？

快充口的作用是缩短充电时间。想要在尽可能短的时间内把电充满，就得增大充电电压或者充电电流，这就是快充口的特性及意义。

在当下，大部分插电混合动力汽车的动力电池容量并不大，一般为10~15kW·h，按目前的水平，每kW·h的电可以跑5~8km，那么，这些插电混合动力汽车纯电状态下的续驶里程为50~100km，这也是在当前政策引导下的主流插电混合动力车型的平均水平。图2-25所示为搭载13.1kW·h电池包的2018款路虎揽胜运动版PHEV，纯电续驶里程仅为51km，如果使用快充的话，考虑到电池的特性以及电池总成的散热需求，那么动力电池的性能、安全等需要进一步升级，这会带来进一步的成本增加。

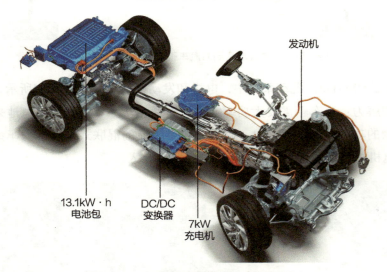

图2-25 2018款路虎揽胜运动版PHEV

与此同时，对于插电混动汽车而言，即便使用慢充，3~5h也可以充满电，时间也并不算太长。如果再算一笔账的话，用快充花10min充满10kW·h再跑70km的意义也并不大，还不如直接加油来得快。从这个角度考虑，插电混合动力汽车也就没有必要去增加一套快充系统了。

> **拓展阅读** 目前市面上有一些针对插电混合动力汽车增加快充口的改装，但是这些改装都必然要更改车辆的线路，这会存在极大的风险，建议不要尝试。

问题 020　插电混合动力汽车的电池包一般安装在车上什么位置？

插电混合动力汽车的电池包安装位置主要有三种：行李舱地板下方、后排座椅下方，或者放置在车底，如图2-26~图2-28所示。

图 2-26　放置于行李舱地板下方
（2022 款奥迪 A8 60 TFSI e quattro）

图 2-27　放置于后排座椅下方
（2018 款宝马 530e iPerformance）

图 2-28　放置于车底（2021 RAV4 荣放双擎 E+）

造成差异的关键要素是电池容量的大小。对于纯电续驶里程较长的插电混合动力汽车而言，都会有一个比较大的电池包，考虑到车辆本身就比较局限的布置空间，这部分车型会选择将电池包做成异形（不规则形状）放置在车底。其形状不规则的目的也很简单，就是在保证地板高度、离地间隙的情况下，尽可能减少排气管高温对其热安全的影响。

对于那些纯电续驶里程较短的插电混合动力汽车而言，由于电池体积并不大，因而布置起来相对灵活，行李舱地板下方和后排座椅下方都是常用的布置位置。而对车企来说，只需要对上述位置的结构进行一些优化即可实现，是成本最优的解决方案。

此外，还有一些新能源汽车会结合自身内部结构设计的原因，将电池包做成其他形状，以达到填充底盘可用空间的目的。例如雪佛兰Volt（图2-29），这辆车上采用的是容量为16kW·h的360V锂电池组，电池组成T形布置，隐藏于后排座椅下及车身副仪表板下部，纯电续驶里程可达80km。采用同样T形布置方案的，还有吉利缤越PHEV，如图2-30所示。

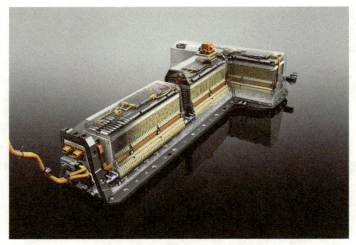

图2-29　雪佛兰Volt的T形电池包

图2-30　吉利缤越PHEV T形电池包

拓展阅读　　混动车型搭配电动机的主要目的是改善中低速区域的动力输出和燃油消耗，但是，柴油机本身在这种工况的效率和经济性就更具优势，再加入电动机，就显得有些多余了。因此，在市面上我们很少见到柴油版混动车。

第3章
纯电动汽车

问题021—049

问题021　纯电动汽车有什么优缺点？

纯电动汽车的优缺点如图3-1所示。

图3-1　纯电动汽车优缺点

优点：一方面是环保无污染，在行驶的过程中完全可以做到零排放；另一方面是出行成本低，使用成本远远低于燃油车。此外，电动车的噪声相比于燃油车会低不少，舒适性更为出色。

缺点：充电速度慢，补能效率低，影响出行体验；续驶里程不够长，长途出行体验会受到影响；偏远地区的充电设施还不完善，充电不方便。

问题022　前置电机、后置电机和双电机有什么区别？

与燃油动力相同，新能源汽车在动力系统布置上一样有多种形式，包括电机前置前轮驱动、电机后置后轮驱动以及前后双电机四轮驱动，如图3-2~图3-4所示。

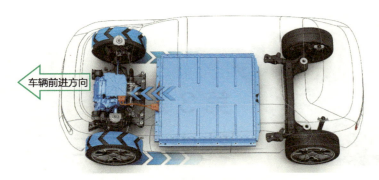

图 3-2　电机前置前轮驱动的纯电动汽车

图 3-3　电机后置后轮驱动的纯电动汽车

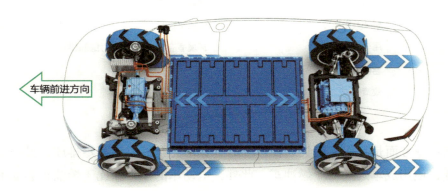

图 3-4　前后双电机四轮驱动的纯电动汽车

　　从车辆动力学角度考虑，前置电机与后置电机两种动力布置形式的特点与燃油车相比并没有太多的不同，前驱车主张舒适家用，直线行驶稳定性好；后驱车主张操控运动，驾驶趣味性更强一些。

　　但不同的是，相比于燃油车而言，纯电动汽车没有动辄一两百千克重的发动机，变速器结构也更为简单，因此重心基本能够维持在中间而不会因为动力系统的前置或后置而造成较大的重心偏移。

问题 023　为什么纯电动汽车的制动片十分耐用？

纯电动汽车的制动片十分耐用并不是因为用的材质好，而是制动力可以由另外一个部件产生，那便是驱动电机。

从构造和原理上来说，电动机和发电机基本上没有差异，所以，在做电驱动功能设计时，通过电机控制器就可以将电机的电动模式切换到发电模式，就可以顺利地将车辆行驶的动能转化为电能。如此一来，在制动能量回收时，大部分的制动力不是变成制动盘上的热能，而是在电动机转换为发电机之后通过能量回收进入了电池包，在整体续驶里程增加的同时，制动片损耗也降低了。能量回收的过程如图3-5所示。

图 3-5　新能源汽车能量回收示意图

问题 024　纯电动汽车的四驱和燃油汽车的四驱有何区别？

传统燃油汽车的机械四驱系统的动力源是同一个发动机，发动机输出的动力经过变速器、分动器之后，再分别输送至前后轴的差速器，最终到达前后轴的车轮上，前后轴的动力是相互影响的，如图3-6所示。

而电动四驱实现方式是在前后轴上各布置一个驱动电机，两台电机作为两个独立的动力源，同时分别驱动

图 3-6　机械四驱示意图（奥迪 quattro ultra 四驱）

前轴和后轴的车轮,从而实现四驱行驶。因此,其前后轴的动力是完全分离开来的,动力分配也完全是依赖于软件系统,如图3-7所示。

整体来看,电动四驱和传统机械四驱相比有着结构简单、操作难度低、灵活度更高的优点,在电子系统的控制上也更有优势,面对绝大多数路况都是没有问题的。唯一的劣势是它在非铺装路面下的脱困能力可能会比传统的机械四驱稍逊一筹。

图3-7 电动四驱示意图(奥迪 e-tron GT)

拓展阅读 目前来看,电动四驱还不能被确定是新能源汽车的最终形态,在未来,待电机集成度进一步强化之后,轮毂电机或许有机会实现真正意义上的大面积使用。如图3-8所示,这种方案可以让任何一个车轮的动力都可以由电控模块自主控制,或许可以让四驱车型的越野性能进一步加强。

图3-8 研发中的轮毂电机形态

问题 025　为什么纯电动汽车可以采用"封闭式前脸"？

所谓"封闭式前脸"，指的是纯电动汽车的车头前保险杠部分，不再像传统燃油车那样有许多的开口，而是一个完整的封闭曲面。

一般来说，前置发动机的燃油车在前脸上会设计开口比较大的进气格栅，就像是青蛙的大嘴巴一样，主要目的是起到进气散热的作用，如图3-9所示。而一些发动机中置、中后置或者后置的燃油车，不仅会在车辆前部设置进气格栅，甚至还会在车辆后方设计开放式的格栅，以达到给发动机降温的目的，如图3-10所示。

图 3-9　前置四驱燃油车奥迪 A8L 的"大嘴"进气格栅

图 3-10　2020 款保时捷 911 Turbo S 3.8T 燃油车进气口分布

然而，在很多电动车上，则采用了前脸完全封闭的设计，如图3-11所示。当然，这并不是说完全不需要进气口了，出于散热的需求，仍旧需要进行一定的开口设计，只是开口不需要燃油车那么大了。这样的设计，其实一方面是造型设计趋势，另一方面也是为了降低整车的风阻系数，当然，留下来的开口设计也与整车的散热需求息息相关。

图 3-11 特斯拉 Model 3 的封闭式前脸

燃油车在运行时，无论是自然吸气发动机还是涡轮增压发动机都在持续进行工作，这就像是一个长跑运动员在剧烈运动一样，时刻需要"吸入"大量的新鲜空气；而没有了发动机的纯电动汽车，则更像是一个徒步爱好者，散热需求比发动机要低很多，并且，由于电池包和电机也都有着各自独立的散热系统，从这一点来看，就没有必要设计太大的进气格栅了。传统汽车和纯电动汽车的热管理系统对比如图3-12所示。

图 3-12 传统汽车和纯电动汽车典型热管理系统对比

实际上，电动车的电机和电池系统散热，依靠内置的风扇和液冷系统就能完成。并且，纯电动汽车的电池一般都平铺在车辆底部，空气流通性会更好，如图3-13所示。

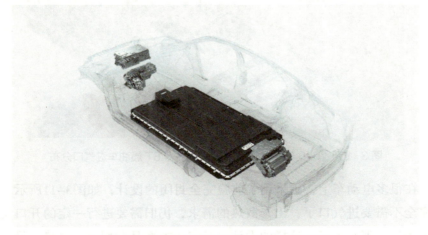

图 3-13 电池包平铺于车底（比亚迪汉 EV）

问题 026　纯电动汽车的"四轮四角"是什么意思？

对于任何一款汽车而言，车辆的长度是由前悬、轴距、后悬来构成，如图3-14所示。

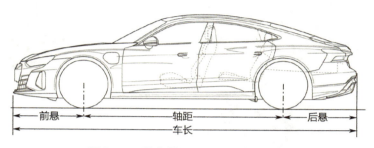

图 3-14　汽车前悬、后悬尺寸示意图

所谓"四轮四角"，顾名思义就是尽可能缩短前后悬的长度，让四个车轮布置在车辆的四个角落——左前角、右前角、左后角、右后角，从而让车辆动态行驶更加稳定，并且尽可能增大车内乘员空间，就像是盖房子尽可能提供更多的"室内面积"一样。

在传统的燃油车中，"四轮四角"这样的设计还算是比较稀有的。在此前，市场中有Smart、MINI这类的车型采用了这样的设计，如图3-15所示。之所以说这样的设计比较稀有，是因为燃油车的动力系统包括发动机、变速器、燃油系统等，会占据比较大空间，如图3-16所示，所以"四轮四角"的燃油车并不多。

图 3-15　Smart For Four 正侧图

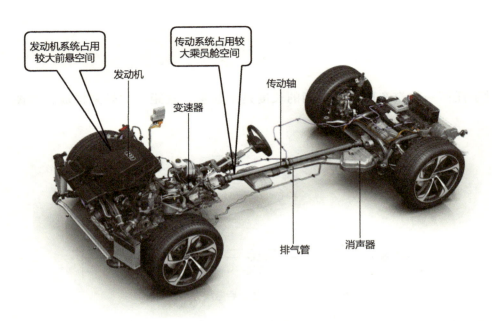

图 3-16　燃油车动力系统结构图

而电动汽车动力系统则主要包含电机、减速器、电池包等，不需要复杂的变速器，也没有了从前到后的传动轴，并且，电机的布置可以比发动机更为灵活，因此，它可以把燃油车发动机、变速器、传动轴的空间都节省出来。与此同时，电机可以更进一步靠近四个轮子，同样长度的汽车可以多出不小的空间来，四个轮子则可以塞入车辆四个角落，故而称为"四轮四角"，如图3-17所示。

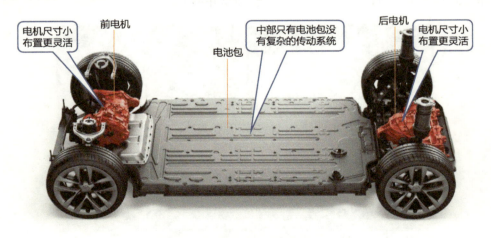

图 3-17　电动车动力系统结构图

在如今的纯电动汽车上，四轮四角设计逐渐成为主流，比较具有代表性的车型有高合HiPhi X（图3-18）、AION Y等。

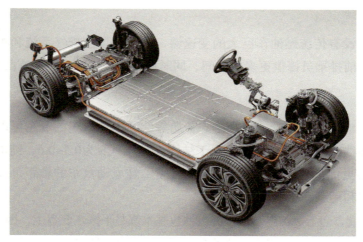

图 3-18 高合 HiPhi X 底盘

问题 027 为什么纯电动汽车空间利用率可以更高?

纯电动汽车的空间利用率比燃油车高很多,原因主要如图3-19所示,主要分为三个方面。

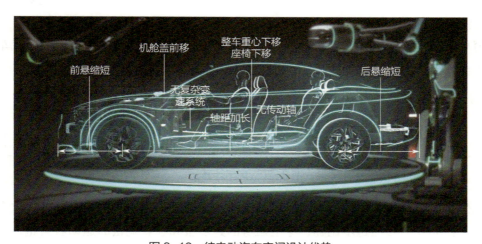

图 3-19 纯电动汽车空间设计优势

(1)车辆前部

电机+减速器的结构尺寸相比发动机+变速器要更加紧凑,前舱所需空间更小,并且,在移除了发动机及相关的零部件后,前舱可以布置得更加紧凑,整个前悬都可以缩短,机舱盖后端也可以前移,这样不仅可以提供更好的视野,还可以提供更大的座舱空间。

（2）车辆中部

纯电动汽车没有传统燃油车巨大的变速器，也取消了进排气系统和机械四驱传动机构，因而能够为前排乘员提供更多的空间，同时后排地板中部也不会有凸起。

（3）车辆后部

由于取消了油箱、排气管、消声器、备胎等，纯电动汽车的后悬可以做得更短（从数据上来看，燃油车的轴距/车身比受限于结构设计，一般为0.5~0.6，纯电动汽车在设计比例上可以做得更优化），在相同车长的前提下，纯电动汽车的轴距可以设计得更长，长度方向上空间利用率高于燃油车。

但是，在高度方向上，纯电动汽车的电池包基本都是平铺在底盘上，因此，在整车高度相同的前提下，舱内高度空间略小于燃油车。不过随着电池能量密度的提升，再加上全玻璃车顶这一新技术的应用，现在也有很多纯电动汽车在车高方面可以做到不逊于燃油车。

问题028 为什么纯电动汽车要更注重低风阻设计？

对于汽车而言，在行驶过程中的阻力主要包括轮胎滚动阻力、空气阻力、加速阻力和爬坡阻力。如果一辆车是在平直路面匀速行驶的工况下，那么，其能耗主要就用在克服轮胎滚动阻力和空气阻力上面。

简单来说，空气阻力就是车辆在行驶时来自空气的阻力，也称为风阻，而汽车的风阻大小会直接影响汽车行驶过程中的能耗水平，其计算公式如图3-20所示。

$$F = \frac{1}{2} C \rho S V^2$$

F— 空气阻力　C— 空气阻力系数　ρ— 空气密度　S— 物体迎风面积　V— 物体与空气的相对运动速度

图3-20　风阻计算公式

从公式中不难发现，减小迎风面积是优化整车风阻较为有效的手段。其实这个也很好理解，比如我们参加跑步比赛，穿上贴身的跑步服和穿着宽松的运动服去跑，得到的成绩是完全不一样的。

问题029 风阻对纯电动汽车的续驶里程有何影响？

对于纯电动汽车而言，风阻越大，续驶里程便会越短。经仿真模拟分析不难发现，在车速50km/h时，风阻占整车阻力的30%；车速100km/h时，风阻占整车阻力的58%；车速120km/h时，风阻占整车阻力的65%；车速160km/h时，风阻占整车阻力的73%，如图3-21所示。这就意味着，如果风阻系数越小，高速行驶时车辆用来对抗风阻所消耗的能量就越少，从而可以实现更长的续驶里程。

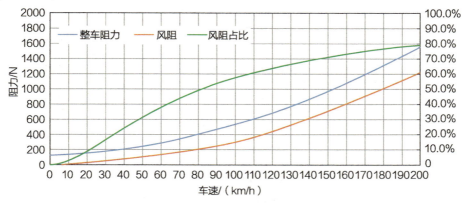

图3-21 某款纯电动汽车在不同车速下风阻占整车阻力的比例分析

有仿真数据显示，风阻系数每优化0.01，对于NEDC循环状态下相当于每行驶100km节省约0.14 kW·h的电量，按照一辆车600km的续驶里程来看，便可以节省约0.84 kW·h的电量，反映到续驶里程上便可以增加6~8km。

问题030 低风阻对纯电动汽车有哪些好处？

对于新能源汽车尤其是纯电动汽车而言，在造型设计上会注重与空气动力学原理的结合，并通过CFD的计算，进行一遍又一遍的外观设计细节优化。这是因为，空气动力学优化可以帮助提升纯电动汽车4个方面的性能，如图3-22所示。

其中，续驶里程的优化又是重中之重。由于受到当下电池技术瓶颈的限制，纯电动汽车依然存在较大的续驶里程焦虑问题，而在车辆消耗的能源之中，风阻造成的能量损失又是无法回收的，各大车企之所以都要绞尽脑汁地去为纯电动汽车降低风阻，原因之一就是为了让续驶里程可以更长一些。

因此，市面上许多纯电动汽车都会在与风阻息息相关的空气动力学上狠下功夫。表3-1所列是截至2022年3月市面上风阻系数较低的几款量产车，排名前几位的车型分别如图3-23~图3-26所示。

图3-22 空气动力学优化的作用

表 3-1 几款风阻系数较低的纯电动汽车（截至 2022 年 3 月）

车型	指导价	风阻系数
奔驰EQS	107.96万~151.86万元	0.200
特斯拉Model S	85.999万~105.999万元	0.208
蔚来ET7	44.80万~52.60万元	0.208
Lucid Air	77400美元起售（美国市场）	0.21
IM L7	预售价40.88万元	0.21
Aion S Plus	13.96万~18.38万元	0.211
保时捷Taycan	88.80万~180.80万元	0.22
奔驰 S级	91.78万~178.17万元	0.22
奔驰CLA	29.98万~37.91万元	0.22
宝马5系	42.89万~55.19万元	0.22
特斯拉Model 3	25.17万~33.99万元	0.23
比亚迪汉EV	20.98万~27.95万元	0.233
小鹏P7	21.99万~40.99万元	0.236

图 3-23　2021 款奔驰 EQS
（风阻系数 =0.200）

图 3-24　2021 款特斯拉 Model S
（风阻系数 =0.208）

图 3-25　2022 款蔚来 ET7
（风阻系数 =0.208）

图 3-26　2021 款 Lucid Air
（风阻系数 =0.21）

问题031 纯电动汽车有哪些优化风阻的方法？

为了实现更低的风阻系数，很多纯电动汽车除了采用流线型设计外，还针对细节做出了大量优化。

例如，很多车企除了遵循空气动力学设计的基本原则之外，还结合气动、散热、人机布局、仿生等多种设计理念，包括采用空气动力学轮毂设计，搭配车辆侧方的导流腰线，降低风阻；此外，很多电动车采用隐藏式门把手、主动进气格栅等设计，这样也能在一定程度上降低风阻。图3-27所示为特斯拉Model 3上实施的风阻优化措施。

图 3-27　2021 款特斯拉 Model 3 整车部分风阻优化措施

问题 032　纯电动汽车的"前圆后方"是什么意思？

顾名思义，"前圆后方"指的是车头看上去比较圆润，而车尾看上去则比较方正。

我们先来看看市面上几款热门的纯电动汽车的车头（图3-28）和车尾（图3-29）的造型。

图 3-28　几款热门纯电动汽车前部概览图

图 3-29　几款热门纯电动汽车车尾概览图

如果大家仔细观察的话便会发现,很多纯电动汽车的车头都比较圆润,而在车尾则呈现出较为明显的线条感。

其实,"圆润的前脸+方正的屁股"在纯电动汽车上可以说是"刚需式设计",因为这样的设计在空气动力学领域中是一种比较理想的低风阻造型。在纯电动汽车上,采用"前圆后方"的设计,最主要的就是考虑到低风阻特性。

问题033 为什么纯电动汽车可以设计"前行李舱"?

相信许多人都注意到,当下的许多纯电动汽车的卖点之一便是在前机舱盖下方有一个"前行李舱",并且,有些车的前行李舱容积还不小,比如福特 F150-Lightning,其前行李舱容积就达到了400L(图3-30),基本达到了许多三厢轿车的后行李舱容积的水平了。

图 3-30　福特 F150-Lightning 前行李舱

其实,这主要和车型的驱动方式有关,当然,也得益于纯电动汽车电驱结构的紧凑性。对于采用电机后置后轮驱动的纯电动汽车而言,由于电机被放置在车辆后部,车辆前部原本属于驱动系统的空间便空了出来,自然可以设置一个较大的储物空间了。

但这并不是说前驱纯电动汽车或者双电机四驱的纯电动汽车就没有空间设计前行李舱了,如果车头长、电机电驱电控系统集成度高、模块布置紧凑的话,依然可以设计出前行李舱。例如特斯拉Model S、极氪001和小鹏P7,甚至,小鹏P7是在驱动系统的上方设计了前行李舱,如图3-31所示。虽然比较浅,但它可以达到约520mm×480mm×320mm的尺寸(小鹏P7 2020款562E性能版)。

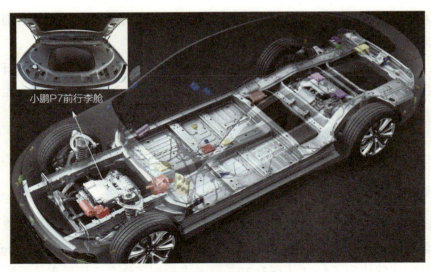

图 3-31 小鹏 P7 前行李舱

问题 034 为什么纯电动汽车的轴距都很长？

在传统燃油车上，能在有限的尺寸内打造出更大乘员舱空间的车企，首当其冲便是本田了。通过MM理念（Man Maximum Machine Minimum），本田旗下车型实现了"乘坐空间最大化、机械占用最小化"的设计，如图3-32所示。但即便如此，本田燃油车的空间利用率也难以和纯电动汽车相提并论。

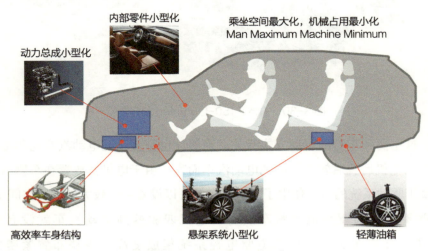

图 3-32 本田"MM 理念"

原因很简单，就算燃油车对机舱空间压缩得再极致，也需要为发动机、变速器预留空间。并且，这样的空间预留，其位置和大小基本是固定的，这就对空间结构形成了一定的限制。

而在电动车的设计过程中,就没有这样的烦恼了。这是因为,在电机布置时,只需要在前后轴区域预留出不大的空间就行,而且,电机的体积要比发动机+变速器小太多了。当然,考虑到汽车的前后碰撞吸能要求,纯电动汽车依然需要预留一定的前后碰撞溃缩吸能空间。表3-2所列为车长相近的几款纯电动汽车和燃油车的轴距对比。

表3-2 车长相近的几款纯电动汽车和燃油车的轴距对比

车型	Model 3 2021款后驱升级版	朗逸2021款 1.5L手动风尚版	轩逸2022款 1.6XE CVT舒适版	思域 2022款 180TURBO尚动款	比亚迪秦 2019款 1.5L手动舒适型
指导价/万元	25.17	11.29	11.90	12.99	6.49
长/mm	4694	4670	4641	4674	4675
宽/mm	1850	1806	1815	1802	1770
高/mm	1443	1474	1450	1415	1480
轴距/mm	2875	2688	2712	2735	2670

长轴距设计的另一个原因,便是与续驶里程息息相关的大电池包设计了。

由于电池包外壳框架都是各家车企自己设计的,尺寸灵活度比较高,一般都是布置放在底盘纵梁与前后横梁之间。由于不同车型的车宽尺寸差异不大,在能量密度一定的情况下,增加续驶里程最有效的办法就是加长轴距了,从这个角度而言,工程师们也需要在整车长度一定的情况下尽力将轴距最大化。

在此我们再举个例子:广汽埃安AION Y的车长仅为4410mm,与丰田C-HR 4390mm的车长差不多,但是,AION Y的轴距却达到了2750mm,比丰田C-HR 2640mm的轴距长了足足110mm。换算到车内空间的话,AION Y的后排腿部空间会多出一拳左右的富余。两车的对比如图3-33所示。

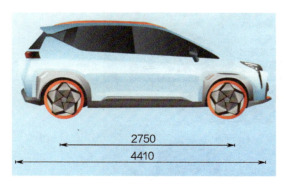

a) 广汽埃安AION Y   b) 丰田C-HR

图3-33 同级别燃油车和电动车轴距对比

问题 035　为什么纯电动汽车的"C 点"更靠前？

汽车的"C 点"是英文 Cowl Point 的简称，这是前机舱盖上的一个点，位于车辆纵向对称面上，是前机舱盖最高点在前风窗玻璃外表面的水平投影点。通俗来讲，C 点位置所代表的就是前机舱盖与前风窗玻璃的过渡区域，如图 3-34 所示。

a）奔驰 SLS AMG GT 2013　　　　　　　b）奥迪 R8 Green Hell Edition 2020

图 3-34　汽车 C 点位置示意图

汽车动力总成的布置形式对于 C 点位置影响很大。

奔驰 SLS AMG GT 与奥迪 R8 这两款超级跑车的 C 点位置差异巨大，原因便是：奔驰 SLS AMG GT 属于前置后驱布局，6.3L V8 发动机纵置在前舱，前舱尺寸较长，因此前风窗位置靠后；奥迪 R8 是中置四驱形式，5.2L V10 发动机位于驾驶员身后，前舱没有发动机的限制，因而从设计上而言，C 点有机会被设计得比较靠前。

相较于燃油车型而言，纯电动汽车的动力总成尺寸更小，在空间上，仪表控制台可以尽量前移，从而为 C 点前移创造了可能性。图 3-35 所示为同级别燃油汽车和纯电动汽车的 C 点位置对比。

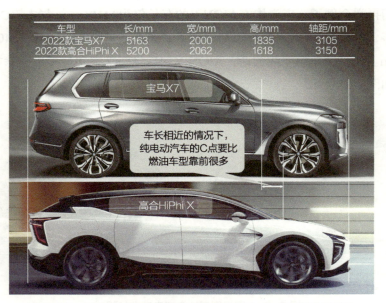

图 3-35　尺寸相近的纯电动汽车和燃油汽车 C 点位置差异对比

影响C点位置的另一个重要因素就是整车外形设计风格了。而且，C点更为靠前一些的话，前风窗玻璃可以更倾斜，风阻也会得到优化。

问题 036　为什么越来越多的纯电动汽车采用隐藏式门把手？

车企大规模推动隐藏式门把手的应用，主要有三点原因，如图3-36所示。

首先，隐藏式门把手可以使车辆侧部的造型曲面更加简约，显得更加纯粹、干净，如图3-37所示。

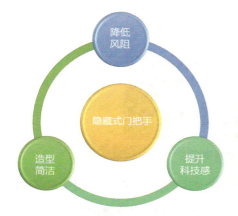

图 3-36　隐藏式门把手的作用

图 3-37　蔚来 ET7 采用隐藏式门把手

其次，隐藏式门把手可以有效降低风阻。众所周知，较短的续驶里程和漫长的充电时间是消费者诟病纯电动汽车的两大主要原因。隐藏式门把手可以让车身侧面更为平整，从而降低风阻，可以在电池包容量一定的前提下尽可能延长续驶里程。

此外，隐藏式门把手接收到信号后，电机驱动门把手自动伸出或旋出，科技感和仪式感瞬间拉满。

图3-38所示为两种常见的隐藏式门把手设计。

旋出式隐藏门把手

平出式隐藏门把手

图 3-38　两种常见的隐藏式门把手

问题 037　为什么越来越多的纯电动汽车前排有贯穿式储物盒设计？

相信许多人都注意到了，不少纯电动汽车在中控台下方会有一个贯穿式的储物盒，如图3-39所示。这个储物盒的空间甚至可以用来放置鞋子、手提包等大件，对比来看，这样的设计在燃油汽车上是比较少见的。能够采用这一设计的根本原因便在于：纯电动汽车的变速系统相比于传统燃油车的变速系统而言，可以节省出巨大的物理空间。

图 3-39　蔚来 ES8 中控台储物空间

纵观当下车市，新能源汽车的变速器和传统燃油汽车的变速器存在的很大的不同，如图3-40所示，尤其是纯电动汽车，其只需要通过一个体积极小的减速器，便可完成变矩的动作。

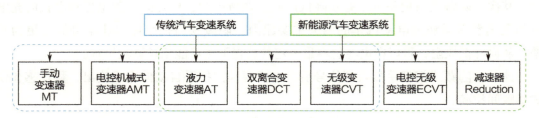

图 3-40　传统汽车变速器与新能源汽车变速器分类

对于传统燃油汽车而言，发动机输出的动力经由变速器、传动轴之后再传递到车轮上，而变速器内通常都会有多组变速机构，因而体积巨大，再加上传动轴、换档机构等，中控台区域的空间被占用很多，如图3-41所示。

对于纯电动汽车而言，电机输出的动力是经由减速器到达车轮的，而很多车辆的减速器其实都是安装在动力总成系统上（对于部分纯电动汽车而言，是在三合一电驱系统上）并和驱动电机直接连接，再加上电子式换档机构占用的空间也不大，因此，不会占用太大的车内空间，如图3-42所示。因此，许多纯电动汽车都会在中控台区域设计比较大的贯穿式储物空间。

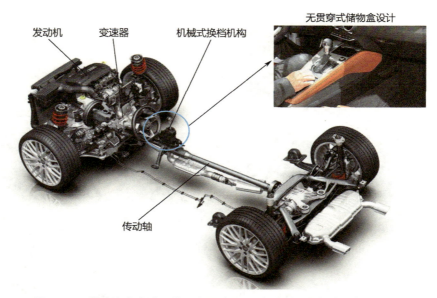

图 3-41　燃油汽车变速系统示意图（2015 款奥迪 TT 基本型）

图 3-42　纯电动汽车变速系统示意图（奔驰 EQS）

问题 038　为什么多数纯电动汽车后排中部没有"凸起"？

多数燃油车在后排中间存在凸起，主要是为排气管和传动轴避让空间，如图3-43所示。而主流纯电动汽车电池包基本都是布置在车底，没有燃油车的排气系统；对于四驱纯电动汽车而言，也基本都是通过前轴和后轴各布置一台电机来实现，不需要传动轴（极少数电机前置后轮驱动的车型除外）。因此，大多数纯电动汽车后排中间基本没有凸起了，如图3-44所示。

图 3-43　燃油车后排中部的车身凸起特征（奥迪 A8）

图 3-44　纯电动汽车后排中部无车身凸起特征（特斯拉 Model 3）

二维码视频 3-1
新能源汽车白车身
纯平地板设计动画

问题 039　为什么许多纯电动汽车不配备备胎？

在燃油车上，配备全尺寸备胎的越来越少，要么配备非全尺寸备胎，要么配备缺气保用轮胎。然而，在很多电动汽车上，既没有备胎，也没有缺气保用轮胎，这样的考量，其实主要有两方面的原因。

（1）布局设计

许多燃油车的备胎放置于后行李舱地板下后轴中间的位置，但对于纯电动汽车而言，后轴中间的位置通常布置有电机和相应的防护结构，也就没有了放置备胎的空间，如图3-45所示。

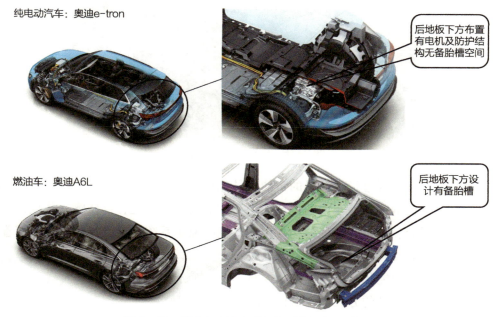

图 3-45 燃油车和纯电动汽车后地板布置对比

（2）提升续驶里程

取消备胎的另一个原因便是减少整车重量，毕竟一套备胎+换胎工具的重量都得10~20kg了，这样的重量加上去，无疑会损失一定的续驶里程。并且，缺气保用轮胎的行驶阻力也更大，能耗也会上升。所以，为了整车轻量化、提升续驶里程，电动汽车便很少会配备备胎和缺气保用轮胎。

此外，从用车场景来看，大家买电动汽车，城市出行的情况远大于跑长途的场景，而在城市环境下，轮胎一般不容易爆，而即便是爆胎了，也能很轻松地叫到拖车。所以，电动汽车一般也就不会配备备胎了。当然，也并不是说每次爆胎我们都需要叫拖车，因为许多纯电动汽车还是会配备补胎液和电动充气泵以备不时之需。

问题 040　为什么纯电动汽车喜欢在车内设计那么多大屏？

虽然燃油车在目前也开始广泛使用大屏幕、多组屏幕的设计，但是，这样的设计最早却来自于电动汽车。图3-46所示为当下电动汽车大屏设计的典型代表。

图 3-46　电动汽车的大屏设计

采用大屏幕、多屏幕设计最早的目的，是让车辆做减法，通过整合网联功能、按键功能以及交互功能等，在使车内的设计变得简约的同时，也更有科技感。并且，很多纯电动汽车采用了全新的电子电气架构，因而车辆的控制系统变得更加集成化。随着车内娱乐、信息同步等交互需求的增多，信息展现的形式也将日益智能化和多样化，中控部分将以多屏或跨屏联动的方式实现信息间的互动联通，给人们带来更好的出行体验。在逐渐弱化传统实体按键的过程中，纯电动汽车的内饰设计也将不断简化。图3-47所示为威马M7"零按键"座舱设计。

图 3-47　威马 M7 "零按键" 座舱设计

问题041　为什么纯电动汽车需要设置"低速报警系统"？

当一辆纯电动汽车低速从我们身边驶过的时候，经常会听到"呜呜呜"的声响，这样的声响，就来自于"低速报警系统"。

2018年1月1日起实施的国家标准GB7258—2017《机动车运行安全技术条件》中就有规定：纯电动汽车、插电式混合动汽车在车辆起步且车速低于20km/h时，应能给车外人员发出适当的提示性声响，以提示大家有车辆在行驶。

这样的设计原因是：纯电动汽车在低速行驶时，发出的声响很小，行人不容易注意到；而这个"低速警报系统"，就能通过连续的声响来提醒行人注意，并且，这种声音经过专门的调校，既能让行人注意到，也不会造成噪声污染。除了纯电动汽车外，很多混动车型也会配备这样的"低速报警系统"。

可能有人会问：我开车的时候怎么没听到这样的声音？那可能有两方面的原因：一

方面可能是因为车的隔声做得比较好，在车内听不见这个声音，另一方面也可能是因为这个提示音被手动设置关闭了。

问题042　为什么纯电动汽车的牌照框要比燃油车的大一些？

众所周知，我国小型燃油汽车上使用的主要是蓝底白字样式的92式车牌，自1994年推广全国使用至今，有将近30年的历史了。随着新能源汽车的快速发展和使用，为了更好区分辨识，2016年我国启用了新能源汽车专用号牌。与燃油车号牌相比，其主要差异如图3-48所示。

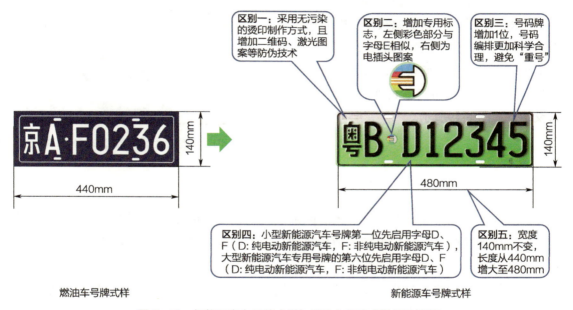

图3-48　新能源汽车号牌式样与燃油车号牌式样差异概览

（1）防伪性能

新能源汽车专用号牌采用无污染的烫印制作方式，制作工艺绿色环保。同时，使用二维码、防伪底纹暗记、激光图案等防伪技术，提高了防伪性能。

（2）专用标志

在号牌式样上增加新能源汽车号牌专用标志，整体以绿色为底色，标志右侧为电插头图案，左侧彩色部分与英文字母"E"相似，寓意电动、新能源。

（3）号牌"升位"

与普通汽车号牌相比，新能源汽车专用号牌号码增加了1位。升位后，号码编排更加科学合理，避免了与普通汽车号牌"重号"，有利于在车辆高速行驶时更准确辨识。

（4）外观区别

为更好实施国家新能源汽车产业发展及差异化管理政策，新能源汽车专用号牌按照不同车辆类型实行分段管理。小型新能源汽车专用号牌的第一位先启用字母D、F（D代表纯电动新能源汽车，F代表非纯电动新能源汽车），大型新能源汽车专用号牌的第六位先启用字母D、F（D代表纯电动新能源汽车，F代表非纯电动新能源汽车）。

（5）尺寸区别

增加一位号码后，车牌宽度140mm不变，长度从440mm增加40mm变成了480mm。

值得一说的是，新能源汽车号牌的式样还与车型的大小有关，小型新能源汽车号牌底色从上至下也采用了渐变设计，而大型新能源汽车号牌则采用了左侧黄色底色+右侧绿色底色的设计，如图3-49所示。

小型新能源汽车号牌式样

大型新能源汽车号牌式样

图3-49 小型和大型新能源汽车号牌式样对比

问题043 为什么纯电动汽车没有手动档？

许多纯电动汽车相比燃油车最大的区别之一就是没有传统的多级变速器，它可以通过电机直接连接减速器然后再把动力传递到车轮上（或通过三合一电机把动力传递到车轮上）来直接驱动汽车行驶，如图3-50所示。车辆的前进与后退只需要控制电机正转或者反转就能实现，这就是我们在大部分电动汽车上只能看到"P、R、N、D"几个档位而见不到手动切换高、低档的原因了。

图3-50 纯电动汽车驱动系统

值得强调的是，对于纯电动汽车来说，电机是不能直接将动力传递到车轮进行驱动的，因为电机有着高转速的特点，并且电机的峰值转矩一般也难以满足车辆的直接起步加速需求，所以对于纯电动汽车而言，仍需要在综合成本和空间的基础上增加减速器并通过合理的齿轮比去降低转速同时提高转矩，如图3-51所示。

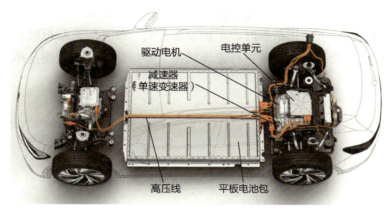

图3-51　某款纯电后驱车型驱动系统布置

问题044　纯电动汽车是如何调节车速的？

纯电动汽车的车速调节，其实是通过加速踏板踩踏深度的变化来实现的。具体来看，驾驶员踩下加速踏板之后，加速踏板位置传感器检测加速踏板的位移量（被踩下去的深度）并将其转化为数字信号输入给控制器，控制器根据踏板位移量计算转矩需求后输入给MCU，MCU控制电机输出对应的转矩，再经过减速器输出之后，电机动力输出的变化便会传递到驱动轮上，最终使汽车的速度产生变化。踏板踩得越深，输出的转矩便越大。这就像赶马车，鞭子打得越用力，马的反应越强烈，使的劲就会越大，跑得便会越快。纯电动汽车调速原理如图3-52所示。

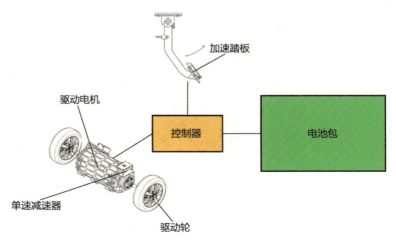

图3-52　纯电动汽车调速原理

问题 045　什么是纯电动汽车的"单踏板控制"？

单踏板控制是将加速功能和制动功能都集中在传统的加速踏板上的一种驾驶模式。

在单踏板控制模式下，松开加速踏板（并且不踩制动踏板）时，车辆便会有制动力产生，即：在驾驶员踩下加速踏板时，车辆加速行驶；松开加速踏板时，驱动电机自动切入能量回收模式并代替制动踏板进行常规减速，并最终停车，这便是单踏板控制，如图3-53所示。

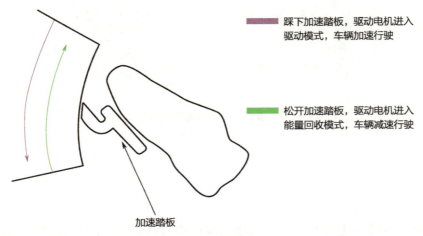

图 3-53　纯电动汽车的"单踏板控制"模式

虽然名为"单踏板控制"，但是在硬件设计上也是两个踏板，即制动踏板和加速踏板。这个设计最早应用在宝马i3上，如图3-54所示。其中，制动踏板依然主要用于控制减速和停车，但加速踏板不仅用于控制车辆加速过程，还可以控制减速过程。

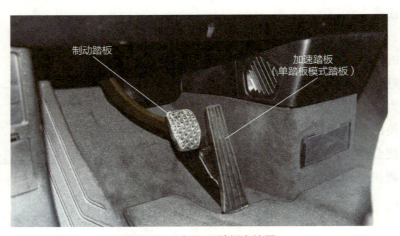

图 3-54　宝马 i3 踏板实拍图

可能有人会问：既然这个加速踏板可以代替制动踏板去进行常规减速了，为何还需要设置一个单独的制动踏板呢？这是因为，单踏板控制模式下的制动力仅靠电驱动系统动能回收实现，制动力有限，紧急制动的场景下，还是需要踩下制动踏板。

优点：在一定场景下免去了在加速和制动两个踏板之间来回切换的动作，最大程度实现动能回收，也能在一定程度上延长整车的续驶里程。同时，不需要打开Autohold也能自动驻车，使用上也方便了一些。

缺点：需要一段时间的适应才能熟练掌握该功能，如果操控不到位，就连驾驶员都有可能出现晕车。另外就是使用了单踏板，意味着蠕行功能被取消，部分驾车场景下可能也需要适应。

拓展阅读　对于部分品牌的汽车而言，工程师们也考虑到了"单踏板控制"不一定被所有人接受，所以一般都会对"单踏板控制"设置一个功能开关，是否愿意使用，其实最终决定权还是在用户手上。以特斯拉Model 3为例，将能量回收制动设置为标准、停止模式设置为保持，就是单踏板模式，如图3-55所示。

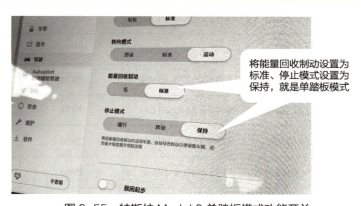

图3-55　特斯拉 Model 3 单踏板模式功能开关

问题046　纯电动汽车的电耗一般是多少？

和燃油车的百公里油耗一样，纯电动车行驶时也会消耗电能，衡量这一消耗水平的指标便是电耗，通常意义上所谈及的电耗是百公里平均电耗。

实际上，来自不同品牌的不同纯电动车型，电耗水平也存在不小的差异，而且这一数据与驾驶方式、路况、车辆自重等多个因素有着密不可分的关系。表3-3所列是结合我国工信部和美国新能源汽车EPA的测试数据汇总的几款热门车型的电耗值。值得注意的是，如果在冬季，带有热泵空调制热的电动汽车和PTC加热器的电动汽车会有较大的能耗差异，最高差距可达20%以上。

表 3-3 部分新能源汽车百公里电耗水平参考

车型	指导价/万元	车型长宽高/mm	车型轴距/mm	百公里电耗/(kW·h)
五菱宏光Mini EV	3.28~4.98	2920×1493×1621	1940	9.4
宝骏E100	4.98~10.99	2488×1506×1670	1600	9.6
雷诺e诺	6.18~7.18	3735×1579×1484	2423	9.89
哪吒N01	6.68~13.98	3872×1648×1571	2370	10.31
比亚迪e1	5.99~7.99	3465×1618×1500	2340	10.56
长安奔奔EV	4.98~17.18	3730×1650×1530	2410	11.3
北汽新能源EU5	12.99~17.19	4650×1820×1510	2670	12.02
宝马i3（进口版）	30.58~52.28	4020×1775×1600	2570	12.35
几何A	12.68~19.98	4752×1804×1503	2700	12.38
吉利帝豪EV	13.58~16.18	4755×1802×1503	2700	12.4
比亚迪秦EV	12.99~17.48	4675×1770×1500	2670	12.61
特斯拉Model 3	29.10~36.79	4694×1850×1443	2875	13.04
广汽埃安Aion LX	28.66~45.96	4835×1935×1685	2920	14.31
特斯拉Model S	89.00~106.0	4979×1964×1445	2960	15.15
蔚来ES6	35.80~52.6	4850×1965×1758	2900	16.17
蔚来ES8	46.80~62.40	5022×1962×1756	3010	17.24
特斯拉Model X	94.00~100.0	5037×2070×1684	2965	17.39
奔驰EQC	49.98~57.98	4774×1890×1622	2873	19.08
保时捷Taycan	88.80~180.8	4963×1966×1395	2900	20.09
奥迪e-tron	54.68~64.88	4901×1935×1640	2928	20.21

从表3-3中数值可以看出，电动汽车的百公里电耗随厂家及车型的不同而有所变化，但其数值分布在9.5~20kW·h之间，结合家用峰谷电价平均在0.5元/kW·h来计算的话，纯电动汽车的百公里电耗费用在7.5元左右。

拓展阅读 国务院办公厅印发的《新能源汽车产业发展规划（2021—2035年）》明确将百公里能耗作为新能源汽车核心技术攻关工程的核心指标，2025年实现纯电动乘用车新车百公里平均电耗降至12kW·h。

问题 047 纯电动汽车的续驶里程现在到什么水平了？

在当下，纯电动汽车的续驶里程已经逐步形成了高、低两个市场快速崛起的态势，500km及以上续驶里程的产品在不断地推出，但同时，150~200km续驶里程的产品也占有不小的比例。整个车市纯电动汽车产品的续驶里程趋势见表3-4。

表3-4 纯电动汽车总体续驶里程趋势

纯电动汽车续驶里程区间/km	2017年	2018年	2019年	2020年	2021年	2022年
80~99	0.2%	0.1%	0.0%	0.0%	0.0%	0.0%
100~150	8.0%	0.8%	0.0%	7.0%	7.7%	6.9%
150~200	65.4%	17.1%	0.7%	6.4%	9.9%	12.6%
200~300	9.5%	18.9%	2.0%	1.9%	0.4%	0.6%
300~400	13.9%	38.5%	36.5%	22.9%	17.3%	16.7%
400~500	1.3%	18.2%	30.2%	33.9%	35.6%	26.3%
500~600	1.7%	6.4%	25.0%	16.9%	21.9%	26.0%
>600	0.0%	0.0%	5.6%	10.9%	7.3%	10.9%
总计	100%	100%	100%	100%	100%	100%

在量产车型中，续驶里程最长的NEDC续驶里程甚至都超过了1008km。表3-5所列是几款市面上长续驶里程的量产纯电动车，即便是考虑续驶里程衰减，适应一般的长距离出行也问题不大。出行途中，越来越多的服务区都配备有充电站，所以补能相较于此前的状况也更为方便一些。

表3-5 市场上长续驶里程纯电动汽车盘点（截至2022年3月）

车型	类别	指导价/万元	NEDC续驶里程/km
AION LX 2022款 PLUS 千里版	SUV	45.96	1008
红旗E-HS9 2022款 690km 旗悦 七座版	SUV	58.98	690
极狐 阿尔法T（ARCFOX αT）2021款 653S	SUV	26.19	653

（续）

车型	类别	指导价/万元	NEDC续驶里程/km
奔驰EQS 2022款 450+ 先锋版	轿车	107.96	849
极氪001 2021款 超长续航单电机 WE版	轿车	29.9	712
极狐 阿尔法S（ARCFOX αS）2021款 708S+	轿车	28.19	708
小鹏P7 2020款 706G	轿车	26.08	706
蔚来ET7 2021款 100kW·h 首发版	轿车	52.60	700

问题048 纯电动汽车能不能跑长途？

先说结论：答案是肯定的！

但是就目前的情况来看，纯电动汽车跑长途，依然会有一些不可控因素会影响出行体验。例如，纯电出行续驶里程一定会缩水，不是每个服务区都配备有充电桩，有充电桩的服务区充电桩数量也很有限，找到了充电桩很多时候也需要排队，排到了之后充电桩不一定会好用，许多充电桩的快充功率其实也有缩水，服务区的充电桩充电并不便宜，等等。这些都是当前纯电动汽车长途出行的痛点，图3-56所示便是高速服务区的排队充电现状。

但我们也无需过于悲观，因为汽车科技仍在持续进步。

一方面，电池能量密度在持续提升，这将会使得相同重量的电池包，可以为车辆带来更长的续驶里程。如图3-57所示，广汽埃安AION LX PLUS千里版的续驶里程达到了1008km（CLTC工况），它搭载的144.4kW·h容量的电池包能量密度提升至205W·h/kg，超过了目前160~180W·h/kg的主流水平。

图3-56 高速服务区排队充电现状

图3-57 广汽埃安 AION LX PLUS 千里版

另一方面，充电功率也在持续提升，这将使得电动汽车的充电补能时间进一步向传统燃油汽车的加油补能时间靠近。

比如极氪汽车的400V高压平台，峰值充电电流达600A，能达到200kW+的峰值充电功率,可以为极氪001实现充电5min、续驶里程增加120km;此外,像保时捷、现代等国外车企以及众多的国内车企也在把电压平台提升到800V甚至更高水平,以达到300~500kW的充电功率,来进一步缩短充电的时间。例如小鹏G9的800V高压平台,可支持480kW的峰值充电功率,是主流车型100kW最大充电功率的5倍,充电5min可增加续驶里程200km,如图3-58所示。

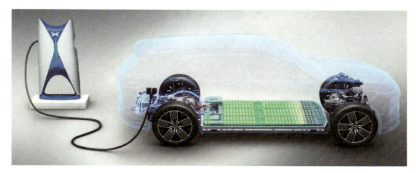

图3-58 国内首个基于800V高压平台的量产车小鹏G9

此外,高速充电网络也在不断健全,这都将全面提升纯电动汽车长途出行的便捷性。

问题049 "油改电"的纯电动汽车值得买吗?

所谓"油改电",简单来理解便是在燃油车的基础上进行修改并将其变为"带电的"新能源汽车。具体来看便是车企利用现有的燃油车生产平台,针对部分车身结构进行修改,去掉内燃机系统(包括内燃机驱动系统、油箱等),增加电动系统(包括电机驱动系统、动力电池等)所制造出来的新能源汽车,如图3-59所示。

图3-59 某款燃油车及其"油改电"车型结构对比

在新能源汽车发展的早期,"油改电"确实承载着电动汽车时代赋予它的特殊意义,它是这个时代的特殊产物,也是帮助我们普及纯电动汽车过程中必要的产物。

但也正因为它是"油改电",所以弊端是很明显的,主要有续驶里程不足、动力性能受限、底盘性能欠佳、安全性不足四个方面,如图3-60所示。

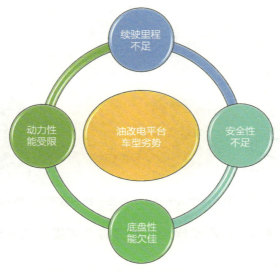

图3-60 "油改电"平台车型的劣势

(1)续驶里程不足

油改电平台诞生的车型只能在原本的车身空间内改造电池包空间,换句话说,大多数的油改电车辆都只能勉强将电池包塞入车内,容量十分有限,续驶里程会得到很大程度的限制。反观纯电动平台诞生的车型,在设计之初便可以结合续驶里程目标去设计电池包,因而可以设计出更为充裕的电池包空间。

(2)安全性不足

也正是因为油改电平台诞生的车型只能在原本的车身空间内改造电池包空间,而原始的车身是基于燃油车设计而言,因而其显然无法做到对电池包进行安全的防护。反观纯电动平台诞生的车型,在设计之初便可以利用结构设计对电池包进行周全的物理防护。

(3)动力性能受限

油改电平台诞生的车型内部,原本放置的是发动机、变速器、传动轴、排气管等燃油车部件,对应区域的空间也是为这些燃油车属性相关的部件而设计。在这样局限的空间之内,往往驱动电机、电池包等相关系统的布置会受到一定的限制,因而不得不在电池电量、电机功率等参数上进行妥协，而这也直接影响着电动汽车的性能，也会导致车辆的动力性能达不到最优。

（4）底盘性能欠佳

由于油改电平台诞生的车型在设计之初并未留出放置电池包的位置，因此，许多油改电车型只能选择形状不规则的电池包填充到底盘空间中去，部分车型甚至不得不让电池包侵占到车内空间，这对底盘的平整性、整车重心的高度都会有不利的影响。

时至今日，诞生于纯电动平台布局的新车型越来越多了，相比油改电平台诞生的车型而言，这些基于纯电动平台开发而来的车，无论是造型、空间、动力，还是底盘和续驶里程等方面，全都是正向开发，功能会更加健全，拓展性更佳，也因此会变得更加多样化，相比较而言更加值得选择。图3-61所示为某款纯电动平台拓展性的展示。

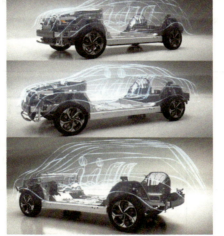

图3-61　某款纯电动平台拓展性

二维码视频3-2
某款纯电动平台拓展性动画

第 4 章 燃料电池汽车

问题050　燃料电池汽车有哪些分类？

对于燃料电池汽车上使用的燃料电池，通常可按其电解质类型、工作温度、燃料的来源、燃料的状态、燃料种类、运行机理等进行分类，详见表4-1。其中，主流的燃料电池类型是质子交换膜燃料电池。

表 4-1　燃料电池分类

分类方法	类型
电解质种类	质子交换膜燃料电池（PEMFC） 碱性燃料电池（AFC） 磷酸燃料电池（PAFC） 熔融碳酸盐型燃料电池（MCFC） 固体氧化物燃料电池（SOFC）
燃料电池工作温度	低温型（温度为25~100℃） 中温型（温度为100~500℃） 高温型（温度为500~1000℃） 超高温型（温度为高于1000℃）
燃料的来源	直接型燃料电池 间接型燃料电池 再生型燃料电池
燃料状态	液体型燃料电池 气体型燃料电池
燃料种类	氢气，甲醇、甲烷、乙烷、甲苯、丁烷等有机燃料 汽油、柴油和天然气等气体燃料 有机燃料和气体燃料必须经过重整器"重整"为氢气后才能成为燃料电池的燃料
运行机理	酸性燃料电池 碱性燃料电池

问题051 氢燃料电池汽车由哪几部分组成？

与燃油车和纯电动汽车都不同，氢燃料电池汽车是以燃料电池作为动力源或主动力源的汽车，主要由储氢系统、空气供给系统、燃料电池堆、驱动电机系统、排放系统、储能系统等组成，如图4-1所示。

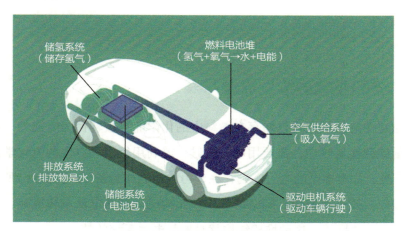

图4-1 燃料电池汽车系统构成

（1）储氢系统

燃料电池汽车上储存高压氢气的部件叫储氢罐，在用车过程中，储氢罐中储存的氢气在经过2级减压装置后被传送到燃料电池堆中。

（2）空气供给系统

空气供给系统主要是对进入的空气进行多个步骤的净化加压后，通过气体扩散层将与氢气发生化学反应的氧气供给到燃料电池堆中。

（3）燃料电池堆

从空气供给系统获得的氧气和储氢罐提供的氢气在燃料电池堆内发生电化学反应，产出水的同时，生产电能并输入给驱动电机使用，如有多余的电能也会进入储能系统存储起来。

（4）驱动电机系统

燃料电池堆生产的电能通过驱动电机转换成动力，驱动车辆行驶。与纯电动汽车相同，这一驱动电机系统也是由电机、减速器、集成电能控制装置等组成。

(5)排放系统

在车辆行驶中,燃料电动汽车会通过排水系统排出纯净水。

(6)储能系统

和其他电动汽车一样,燃料电动汽车也配有将车辆动能转换为电能的能量回收系统,车辆减速时,通过能量回收系统可以把车辆的动能转换为电能并储存在高压电池包内。

问题052 氢燃料电池的工作原理是怎样的?

燃料电池是按电化学原理把储存在燃料中的化学能直接转换为电能的一种电池。燃料电池的能量储存在氢气中,需要用电的时候,就利用氢气和空气的电化学反应产生电能驱动车辆行驶,如有多余的电力,则存在动力电池内作为备用,如图4-2所示。从组成部分来看,阳极、质子交换膜、阴极的最小单元构成了燃料电池单体电池,多个单体电池串联便构成了电池堆栈,这种堆栈结构就是燃料电池系统的核心。

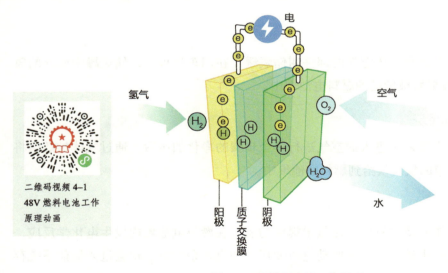

二维码视频4-1
48V燃料电池工作原理动画

图4-2 氢燃料电池工作原理

我们同样可以把燃料电池类比为一台内燃机,储氢罐充当"油箱"的作用,同样有进气和散热系统,"气缸"内增加了质子交换膜,只要把氢气和空气同时注入"气缸"内的质子交换膜两侧,就会发生电化学反应输出电能,排放只有空气和水。图4-3所示为现代NEXO的燃料电池堆系统组成。

图 4-3　现代 NEXO 的燃料电池堆系统组成

问题 053　氢燃料电池汽车有什么优缺点？

众所周知，燃料电池汽车是最环保的汽车，因为它排出的是完全无污染的水，如图 4-4 所示。

图 4-4　燃料电池汽车输入输出示意图

除此之外，它还有着补能时间短、续驶里程长、重量轻等优势，燃料电池汽车和内燃机、混合动力、纯电动汽车的优缺点对比见表 4-2。

表 4-2　燃料电池汽车和其他几种车型的对比

因素	燃料电池	内燃机	混合动力	纯电动
能源利用率	高	一般	一般	较高
续驶能力	强	强	一般	一般

(续)

因素	燃料电池	内燃机	混合动力	纯电动
能量密度	最高 比燃油大，是锂电池的上百倍	高	内燃机和纯电动的结合	较低
补能速度	3~5min	3~5min	燃油：3~5min 慢充：3~5h	快充：0.5~1h 慢充：4~8h
储能成本	成本高，产量低	较低	一般	成本较高
对环境的影响	几乎零污染	污染严重	污染比较严重	优于燃油车（考虑火电的情况下）

图4-5所示为现代NEXO的加氢口，操作基本上和加油一样便捷。在性能方面，由于其采用的是和纯电动汽车一样的电机，所以性能表现和纯电动汽车相差不大。

其缺点在于，燃料电池汽车的辅助设备较为复杂，储氢也存在一定的困难，并且在当下，燃料电池汽车的售价以及后期的保养维护费用要比电动汽车贵很多，加氢站的普及程度也远远没有充电站那么多。

图4-5 现代NEXO的加氢口

> **拓展阅读** 早在1992年，丰田便启动了氢燃料电池汽车的研发。2014年12月，丰田发布第一代氢燃料电池汽车丰田Mirai，如图4-6所示，它被业界称为世界上第一款真正实现商业化的燃料电池汽车。此外，燃料电池汽车的代表车型还有奔驰GLC F-CEL，现代NEXO、上汽大通FCV80等。

图4-6 丰田第一代氢燃料电池汽车Mirai

问题 054　气温低于 0℃时氢燃料电池汽车还能开吗？

答案是肯定的！

低温对于氢燃料电池汽车的负面影响有两方面：一方面是低温时催化剂活性低，从而导致效率低；另一方面是氢气和氧气反应的副产物水在低温下会冻结并导致燃料系统流道堵塞，从而可能会阻碍反应的进行。

对此，工程师们通过多样化的辅助系统进行优化设计，从而优化氢燃料电池汽车的低温启动性能。例如，在低温环境下停机时，用干燥后的空气吹扫电堆内部流道和排水口，目的是让电堆内部几乎没有水分，从而在下次启动时不至于因为低温导致结冰堵塞流道以致电堆启动困难；还可以在电堆启动的时候，将氢氧混合气体通入阳极或阴极，直接发生反应并释放热量，从内部对电堆进行加热，这样的反应速度较快，因而生成的水蒸气饱和度较低，不会结冰。

目前，国内的氢燃料电动汽车在-20℃左右都可以冷启动，而国外已经达到了-40℃的水准。

问题 055　氢燃料电池的氢气是从哪儿来的？

纯氢的生产方式主要有重整氢、副产氢和水电解氢三种，如图4-7所示。

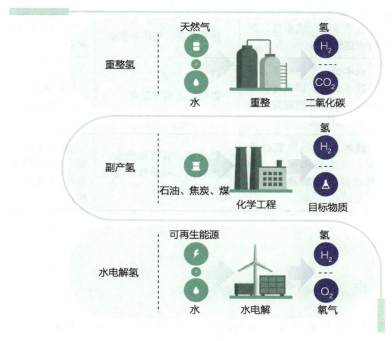

图 4-7　纯氢的生产方式

（1）重整氢

通过天然气在高温、高压下与水蒸气发生化学反应而产生纯氢，是最普遍采用的制氢方式，占全世界氢产量的一半之多。如果天然气的供给稳定持续，就可以无障碍持续性制氢。此制氢过程的产生的二氧化碳气体可以作为碳酸饮料或灭火器等所需的碳酸生产原料加以二次利用。

（2）副产氢

副产氢是指在石油化工工艺中生产主产品的过程中附带生产出氢气。在石油化工产业发达的国家，副产氢的产量很高。由于副产氢是作为副产品生产出来的氢气，其产量很有限。但由于不存在制氢设备相关的追加投资费用，副产氢具有经济性高的优点。

（3）水电解氢

水电解氢是指利用太阳能、风能等可再生能源进行发电，并利用此电能对水进行分解而获得氢气的方式。通过这种方式制氢后的产物除了氢气外，仅剩纯氧，因此被称为最环保的制氢方式。但是，全世界采用水电解方式生产氢的基础设施还很不足，伴随氢气消耗量逐年增加，中长期来看，这将是有效的制氢方式。

不同的制氢方式，优缺点也不尽相同，详见表4-3。

表4-3 不同制氢方式的优缺点

制氢方式	优点	缺点	备注
天然气重整制氢	技术成熟、成本低、适合大规模制氢	排放量高、气体杂质多	我国现阶段氢气主要来源
工业废氢提纯	成本低、来源广泛、提纯技术成熟、回收过程碳排放量低、环境友好、适合大规模制氢	提纯工艺相对复杂	我国氯碱工业、焦炉煤气工业副产氢资源丰富
水电解制氢	技术成熟、产氢杂质少、电力资源丰富、制氢过程碳排放量低、环境友好	能耗高，有能量损失、成本较高、减排效果受电力来源结构影响	利用核能、风能、水能、太阳能等可再生能源，水电解制氢清洁无排放

问题056 氢燃料电池的氢气如何储存？

储氢方式主要有3种：气态储氢、液态储氢、固态储氢，详见表4-4。

表4-4　不同储氢方式的优缺点分析

储氢方式		优点	缺点	目前主要应用
气态储氢	中低压气态储氢	技术简单 对容器要求简单	储氢密度过低	工业及实验室
	高压气态储氢	技术较为成熟 结构相对简单 充放氢速度快	储氢密度低 安全性能较差	普通钢瓶：少量储存 轻质高压储氢罐：多用于氢燃料电池
液态储氢		储氢密度大 安全性相对较好	氢液化能耗大 储氢容器要求高	大量、远距离储运 主要用于火箭低温推进剂
固态储氢		单位体积储氢密度大 能耗低 安全性好	技术不成熟 单位质量储氢密度低 充放氢效率低	实验研究阶段

（1）气态储氢

气态储氢是对氢气加压，并以气体形式储存于特定容器中。根据压力大小的不同，气态储氢又可分为低压气态储氢和高压气态储氢，其中，高压气态储氢是目前应用最为广泛的一种储氢方式。

（2）液态储氢

液态储氢是指将将氢气压缩、冷却至一定的温度以下，从而让氢气以液态形式存在的储存方式。但是，氢气液化要消耗很大的冷却能量，有数据表明，液化1kg氢需耗电4~10kW·h，因而这一方式增加了储氢和用氢的成本。

（3）固态储氢

固态储氢是利用固体对氢气的物理吸附或化学反应等作用，将氢储存于固体材料中。与高压气态、液态储氢相比，从体积储氢密度、经济性和安全性等因素考虑，固态储氢是最具商业化发展前景的储存方式之一。

图4-8所示为现代NEXO的储氢罐，其内部的氢气以高压气态的形式存储。

图4-8　现代NEXO储氢罐

问题 057　什么是氢燃料电池汽车供氢系统的核心？

燃料电池汽车供氢系统的核心是储氢瓶（或储氢罐）。

对于燃料电池汽车而言，车载供氢系统是最大的差异之一，它主要用于储存氢气，并在车辆行驶过程中向燃料电池堆供给满足压力和流量要求的氢气，这其中又包括储氢瓶、压力流量调整元件、氢气泄漏传感器、供氢管路、控制系统、氢气再循环系统等。

储氢瓶是车辆续驶里程的决定因素，常用的储氢瓶有5种类型，详见表4-5。其中，70MPa的Ⅲ型瓶已经在乘用车上得到了比较广泛的应用。

表4-5　5种不同类型的储氢瓶

类型	Ⅰ型	Ⅱ型	Ⅲ型	Ⅳ型	Ⅴ型
材质	纯钢制金属	钢质内胆纤维缠绕	铝质内胆纤维缠绕	塑料内胆纤维缠绕	无内胆纤维缠绕
工作压力/MPa	17.5~20	26.3~30	30~70	70	研发中
使用寿命/年	15	15	15~20	15~20	
储氢密度/(g/L)	14.28~17.23	14.28~17.23	40.4	48.8	
成本	低	中等	最高	高	
车载是否能使用	否	否	是	是	

注：其中Ⅰ型和Ⅱ型储氢密度低，氢脆问题严重，车载无法采用。

拓展阅读　储氢罐极易遇到的氢脆问题，又称氢致开裂或氢损伤，是一种由于金属中氢引起的金属材料力学性能下降、塑性下降而导致金属开裂或损伤的现象。在氢脆情况下会发生"延迟破坏"，因为氢原子的扩散需要一定时间来进行，所以破坏需要经历一定时间才会发生。

问题 058　氢燃料电池汽车的核心难点是什么？

燃料电池汽车之所以还迟迟未能普及，与其本身的技术核心难点是分不开关系的，这其中，催化剂、质子交换膜和燃料电池的寿命都是关键点。

（1）催化剂

在一辆氢燃料电动汽车中，氢燃料电堆的费用是最高的，而催化剂又是电堆中成本最高的。其成本比例见表4-6。

在燃料电池功率输出的过程中，电极上氢的氧化反应和氧的还原反应过程主要受催化剂控制，在目前，氢燃料电池中常用的是以铂为核心的催化剂（一般以碳载铂金Pt/C为催化剂）。而铂本身的年产量并不算高（比黄金更稀少），成本便居高不下，考虑到每年的产量和产品实际的成本，这是当下的难点之一。

表4-6 催化剂铂的成本占比

整车		电堆及运行配套		燃料电池	
项目	成本占比（%）	项目	成本占比（%）	项目	成本占比（%）
电堆	40.9	燃料电池	60.8	催化剂	44.9
储氢瓶	13.8	氢气供给及安全监测	4.5	质子交换膜	10.3
电机	8.6	空气供给	15.3	扩散层	4.8
蓄电池	3.7	热管理系统	7.8	双极板	27.8
制动系统	2	加湿及水管理系统	3.1	膜电极支撑板	4.6
变速器	1	控制系统	3.6	其他	7.6
车架及其他	30	其他	4.9		

（2）质子交换膜

质子交换膜是质子交换膜燃料电池的核心元件。这是一种聚合物电解质膜，作用是交换氢离子，与外面的电子转移构成电路，起到隔离燃料和氧化剂的作用。

目前而言，质子交换膜逐渐趋于薄型化，从以前的几十微米降低到现在的十几微米，以求达到更好的性能。质子交换膜的技术水平，将会直接决定燃料电池的性能。目前，主流的全氟磺酸增强型复合膜基本被国外垄断，国内正处于起步阶段。

（3）燃料电池的寿命

考虑到质子交换膜本身的技术门槛，燃料电池的寿命比纯电动汽车的锂电池的寿命要低不少。根据行业内信息，当前国内大多数的燃料电池寿命普遍为3000~5000h，换算成实际驾驶时间可能仅有5~7年的时间，这种状态显然是与用户实际需求相符程度并不算高。

> **拓展阅读** 2022年4月，第二代丰田Mirai已于日本上市，推出了5款车型，售价710万~805万日元（折合人民币44.5万~50.5万元）。自2014年推出至今，丰田Mirai在全球已累计销售超过1万辆，到目前为止有着零事故的表现。

问题 059 氢燃料汽车是"行走的氢弹"吗？

先说结论：当然不是！

氢气是易燃易爆品，它在空气中的可燃范围是4%~75%（体积分数），爆炸范围是18%~59%（体积分数）。氢无色无味，人们凭感官无法对氢气的泄漏有所警觉，这或许就是人们对氢存有戒备心理的一个重要原因。但实际上，韩国产业安全协会、美国化学工程会议资料显示，氢气的相对危险度为1，低于液化石油气的1.03、液化天然气的1.22和汽油的1.44，如图4-9所示。

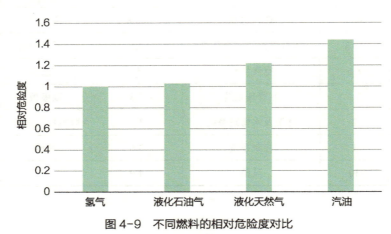

图4-9 不同燃料的相对危险度对比

实际上，氢气比空气轻，即使从储氢罐中泄漏，也会急速扩散，在开放空间，氢气的扩散系数是汽油的12倍；而且，氢气着火的闪点温度约为500℃，对比来看，汽油的闪点温度在-50~-20℃，因此自然点火的可能性非常低。

从危险程度上看，汽油的爆炸能量是相同体积氢气的22倍，在发生爆炸时，由于氢气密度远低于空气，爆炸会发生在气源上方，而汽油的爆炸则发生在燃料周围。因此，汽油的危险程度远甚于氢气。

而在实际上，储氢罐一般也会进行特殊设计，比如现代NEXO的储氢罐，其外胆由碳纤维强化复合材料制成，可承受70MPa的高压，内胆采用了氢分子无法穿透的薄型聚酰亚胺（尼龙材料）衬垫。与同等重量的钢相比，应用于储氢罐的碳纤维强化复合材料不仅更耐压，而且强度高6倍，刚度高4倍，比钢铁更轻、更结实，如图4-10所示。

并且，储氢罐除了需要进行与内燃机汽车相同的碰撞试验之外，还会通过一系列的特殊环境下的安全性试验，如将储氢罐从高处掉落的跌落冲击试验、直接暴露在火中的火焰试验、极低温度条件下的耐寒性重复试验、外胆表面强度的枪击试验、多种污染物腐蚀环境条件下的耐腐蚀试验等，以进一步保证其安全性。

图 4-10　储氢罐的结构设计

氢燃料电池汽车所搭载的燃料电池系统必须通过绝缘性、气密性、耐久性、耐振性、耐撞性、防水性、防振性、耐蚀性、耐高温、耐低温等各种各样的重复试验，以确定其安全性和耐久性。现代汽车NEXO车型的燃料电池系统在投入使用前，对燃料、电压、热量等进行了全方位的监测和各种试验，如图4-11所示，可以保证10年/16万km的耐久性。

图 4-11　现代 NEXO 燃料电池系统的安全控制设计

综合来看，氢燃料电池汽车不仅符合与内燃机车辆相同的安全条件和标准，还需要经过储氢罐安全认证的试验，进行双重把关，其安全性可以得到有效保障。到目前为止，尚未出现过因氢泄漏而导致的燃料电池汽车事故。

问题060　氢燃料电池汽车有哪些典型代表？

目前市面上的氢燃料电池汽车的典型代表见表4-7。整体来看，已经上市并且消费者可以购买到的乘用车类型的氢燃料电池汽车并不多，在国内，氢燃料电池乘用车大都还停留在样车或展车的阶段。

表 4-7　氢燃料电池汽车的典型代表

类别	车型	级别属性	车型状态
国外车型	丰田Mirai	中型车	2014年日本上市
国外车型	本田CLARITY	紧凑型车	2016年日本上市
国外车型	现代NEXO	SUV	2021年美国上市
国内车型	格罗夫欧思典	SUV	2019年上海车展发布
国内车型	上汽大通MAXUS EUNIQ7氢能源版	MPV	2020年亮相
国内车型	广汽传祺Aion LX Fuel Cell	SUV	2020年广州发布
国内车型	红旗2021款H5-FCEV	中型车	2021年发布
国内车型	海马7X 氢燃料电池版	MPV	2022年样车亮相
国内车型	宇通ZK6126FCEVG	大型客车	2019年投入使用
国内车型	潍柴燃料电池货车	重型货车	2021年亮相
国内车型	庆铃燃料电池货车	轻型货车	2021年亮相

这其中，从契合生活为出发点来说，现代NEXO（图4-12）和丰田Mirai（图4-13）是最典型的产品，如果把停产的产品也计算在内，本田CLARITY也可以榜上有名。

图 4-12　现代 NEXO

图 4-13　丰田第二代 Mirai

对比来看，自主品牌当下则大多活跃在样车阶段，如广汽旗下的Aion LX Fuel Cell已经开始在广州示范性运营，但目前并未登陆消费市场；武汉格罗夫的第一款产品欧思典也已经亮相，但一样并未量产。

相对来说，自主品牌将氢燃料电池发力点放在了商用车上，如宇通、中车、金旅、比亚迪等都推出了燃料电池大型客车，潍柴、庆铃等推出了燃料电池货车，相较于更依赖基建生态的乘用车而言，这些商用车确实能在起步阶段率先打开局面。

拓展阅读 氢燃料电池汽车在获取氧气的过程中，可以净化99.9%的颗粒物、细粉尘和空气污染物，如果1万辆NEXO在道路上行驶，可净化2万辆燃油车排放的颗粒物，相当于种植60万棵树。1辆NEXO每行驶1h便可净化26.9kg的空气，相当于42.6名成人1h呼吸的空气；若是有10万辆NEXO同时行驶1h，可以净化供400多万人1h呼吸的空气，如图4-14所示。

图4-14 现代NEXO空气净化作用示意图

问题061 氢燃料电池汽车的用车成本高吗？

与同级别车辆相比，不同动力总成的汽车行驶单位里程所花费的燃料成本如下：汽油车费用约0.9元/公里，柴油车费用约0.56元/公里（约为汽油车的62%），氢燃料电池汽车费用约0.48元/公里（约为汽油车的54%），电动汽车费用约0.32元/公里（约为汽油车的36%），如图4-15所示。

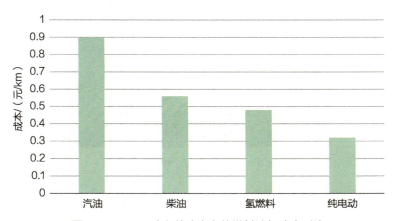

图4-15 不同动力总成汽车的燃料消耗成本对比

整体来看，氢燃料电池汽车的运营成本明显优于内燃机汽车，不过，它的成本略高于电动汽车。但是在目前，氢能行业仍处于早期阶段，随着市场的成熟，氢气供应将增加，价格将下降，而燃料电池汽车的经济效率将继续提高。

问题 062　为什么氢燃料电池汽车目前没有大规模普及？

燃料电池汽车目前没有大规模普及，原因主要有三点：成本高、制氢难、加氢站少。

（1）成本高

燃料电池汽车的燃料电池堆、氢气储存系统等都是氢燃料电池汽车的核心子系统，其中电池堆的催化剂铂产量很低而且价格很贵，此外包括质子交换膜等在内的关键部件也都依赖于进口，成本居高不下，例如，丰田Mirai的售价便超过42万元。当然，随着技术的进步以及进一步的规模化效应，成本应该可以得到一定程度的下降。

（2）制氢难

制氢难也是燃料电池汽车普及路上的绊脚石，因为燃料电池汽车使用的氢气并非理想中的工业废氢，而是纯度需要达到99.99%以上的氢气。考虑到氢气提纯的技术门槛和年产量，大多数时候高纯度氢还是需要电解以及化工原料来生产。

（3）加氢站少

由于加氢站的成本太过高昂，目前普及度并不高。从有关部门的数据中不难发现，除去土地成本外，建设一座35MPa、日加氢500kg的固定加氢站的平均投资在1500万元左右，等同于数个充电站的成本支出（一个普通的充电站成本大约为100万元）。图4-16所示为现代汽车位于德国的一座加氢站。

图 4-16　现代汽车位于德国的加氢站

> **拓展阅读**
> 根据H2stations的数据，截至2021年底，全球共有685座加氢站投入运营，分布在33个国家/地区。欧洲、亚洲、北美是加氢站建设的主要地区，其中，欧洲有228座（德国101座、法国41座、英国19座、瑞士12座、荷兰11座）；亚洲363座，主要集中在中日韩三国，日本159座、韩国95座，与大多数其他国家不同的是，中国105座加氢站是公共汽车或货车的专用加氢站，而并非对公众开放；北美地区有86座，大多数位于美国的加利福尼亚州，数量达到60个。

第5章
新能源汽车动力电池

问题 063　电池按能量来源形式如何分类？

电动汽车的动力电池如果按能量来源形式来分类的话，可以分为化学电池、物理电池和生物电池，如图5-1所示。

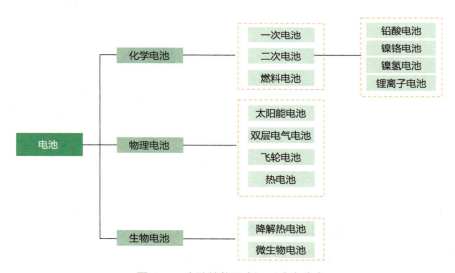

图 5-1　电池按能量来源形式来分类

（1）化学电池

化学电池是将化学能转化为电能的电池，是目前应用最广泛的电池种类。化学电池又可分为一次电池（原电池）、二次电池（蓄电池）及燃料电池。

（2）物理电池

物理电池是一类内部不发生化学反应的电池，主要包括太阳能电池、飞轮电池等。

（3）生物电池

生物电池指的是指将生物质能直接转化为电能的电池。

问题 064　电池按封装形式如何分类？

电动汽车的动力电池如果按封装形式来分类的话可以分为圆柱电池、方形电池和软包电池，如图5-2所示。

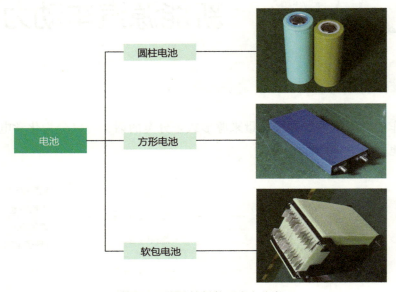

图 5-2　电池按封装形式来分类

（1）圆柱电池

圆柱电池是形状为圆柱体的电池，其发展时间最长，技术也最为成熟，标准化程度较高，而且，因为圆柱电池在封装时各个电芯之间有较大的空间，所以在散热方面有一定的优势。当然，对于新能源汽车而言，即便使用了高能量密度电池的车型，也需要将几千节圆柱电池放在一起，这对于车辆的电池管理系统也提出了更高的要求。

除此之外，由于圆柱电池在组合成电池组时需采用钢壳，所以其重量相对较高，理论上而言，圆柱电池的能量密度要比其他两种电池更低。

（2）方形电池

方形电池是形状为长方体或立方体的电池，其在国内的普及率很高。因为方形电池的结构较为简单，生产工艺不复杂，而且因为方形电池不像圆柱电池那样采用强度较高的不锈钢作为壳体，所以方形电池的能量密度理论上比圆柱电池的能量密度要更高。

但是，由于方形电池一般都是进行定制化的设计，所以导致了方形电池的生产工艺很难统一，其标准化程度较低。

（3）软包电池

软包电池就是给液态的电池套上一层聚合物外壳制成。它采用了叠加的制造方式，在体积上相比于其他两类电池更加纤薄，所以它的能量密度在理论上是三种电池中最高的。而且，因为软包电池的体积较小，所以其在电池布局的灵活性上要比另外两类电池更好。

在目前的新能源汽车市场中，圆柱、方形、软包三种电池均有车型搭载，并没有绝对的好坏之分，只能说是各有优势。

问题 065　电池按原材料如何分类？

电动汽车的动力电池如果按原材料来分类的话可以分为很多种类，具体如图5-3所示。

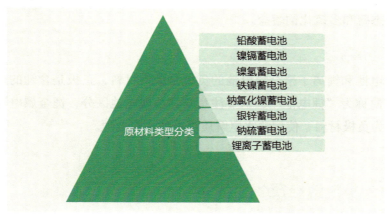

图 5-3　电池按原材料来分类

（1）铅酸蓄电池

铅酸蓄电池是电解液为硫酸溶液的一种蓄电池。放电状态下，正极主要成分为二氧化铅，负极主要成分为铅。

（2）镍镉蓄电池

镍镉蓄电池的正极为氢氧化镍，负极为镉，电解液为氢氧化钾水溶液。

（3）镍氢蓄电池

镍氢蓄电池的正极活性物质主要由镍制成，负极活性物质主要由贮氢合金制成，是一种碱性蓄电池。

(4) 铁镍蓄电池

铁镍蓄电池的正极活性物质主要由镍制成，负极活性物质主要由铁制成，是一种碱性蓄电池，也叫爱迪生电池。

(5) 钠氯化镍蓄电池

钠氯化镍蓄电池是以钠离子传导的 $b^2-Al_2O_3$ 固体电解质构成的一种新型高能电池，在放电时电子通过外电路负载从钠负极至氯化镍正极，充电时在外电源作用下电极过程则正好与放电时相反。

(6) 银锌蓄电池

银锌蓄电池正极为氧化银，负极为锌，电解液为氢氧化钾溶液。

(7) 钠硫蓄电池

钠硫蓄电池是由熔融电极和固体电解质组成，负极的活性物质为熔融金属钠，正极活性物质为液态硫和多硫化钠熔盐。

(8) 锂离子蓄电池

锂离子蓄电池和锂离子聚合物电池的负极是碳素材料，正极是含锂的过渡金属氧化物。它经常被简称为"锂电池"，但要注意与锂金属电池区分，锂金属电池是一种以锂金属或锂合金为负极材料，使用非水电解质溶液的一次电池。

问题066 什么是电池电压？

电池的电压分为几种，详见表5-1。

表5-1 电池电压定义及补充说明

电池电压	定义	补充说明
额定电压	电池在标准规定条件下工作时应达到的电压	它是一个固定的理论最佳值，也称为标称电压，例如：单体三元锂电池额定电压为3.7V
端电压	电池正极和负极之间的电势差	它是一个一定范围内的变化值
开路电压	电池在开路状态下的端电压，即电池在没有负载的情况下的端电压	通过锂电池的开路电压，可判断锂电池的荷电状态，一般情况下，锂电池充满电后开路电压为4.1~4.2V，放电后开路电压为3.0V左右
负载电压	电池在接上负载后处于放电状态下的端电压	与电路的实际工作状态有关，是一个变化值

（续）

电池电压	定义	补充说明
最高充电电压	电池正常充电时允许达到的最高电压	如果电池充电时超过最高充电电压，则可能会损坏电池，例如：单体三元锂电池最高充电电压为4.2V
最低放电电压	电池正常充电时允许达到的最低电压	电池电压低于最低放电电压时，电气设备可能无法正常工作，灯泡可能达不到想要的亮度，电机不能正常转运，例如：单体三元锂电池最低放电电压为2.75V

问题067 什么是电池容量？

电池容量是指蓄电池在规定条件下释放的总的电量，单位为mA·h或A·h，是放电电流与放电时间的乘积，1A·h就是电池在1A的电流下放电1h，按照不同的情况主要分为额定容量、可用容量、理论容量三种。

（1）额定容量

额定容量是在蓄电池完全充满电的情况下，按规定好的放电制度由电池生产厂商或第三方测试机构测定得出的总电量。

（2）可用容量

可用容量通常是指在规定的条件下，从完全充电的蓄电池中释放的容量值。

（3）理论容量

理论容量指的是假设活性物质完全被利用的情况下，蓄电池可以释放出的容量值。

计算电池容量的方法：电池容量$C=$放电电池（恒流）$I×$放电时间T。如果想计算电池可使用时长，可将算式换一下：放电时间$T=$容量$C/$放电电流（恒流）I。举个例子：假设一块电池用5A的电流放电2h，那么该电池的容量就是5A×2h=10A·h。

问题068 什么是荷电状态（SOC）？

荷电状态（State of Charge，SOC）代表的是使用一段时间或长期搁置不用后的剩余容量与电池额定容量的比值，类似于燃油车油箱内的现有油量和油箱容积的比值，常用百分数表示。其取值范围也可以是0~1，当SOC=0时表示电池放电完全，没电了；当SOC=1时表示电池充电完全，电池充满电了。

SOC的准确性对于汽车的安全稳定运行非常重要，当SOC值不准确时，会使电动汽车的电池管理系统产生误判，从而影响汽车的整体运营，有可能降低汽车的续驶里程，甚至产生危险。

问题069　什么是健康状态（SOH）？

健康状态（State of Health，SOH）又可以称为"电池健康度"，可以理解为电池当前容量与出厂容量的百分比。

> **拓展阅读**　除了SOH之外，还有SOE、SOF等专有词汇，其中，能量状态（State of Energy，SOE）可以理解为电池剩余电量，或者对于整车来说是剩余里程的意思；功能状态（State of Function，SOF）可以理解为电池的功能状态，是电池控制策略中的一个重要参数。

问题070　什么是放电深度（DoD）？

放电深度（Depth of Discharge，DoD）是电池放电量与电池额定容量的比值。电池的放电深度可以用来衡量已经释放出来的电量，通常用百分比来表达，其取值范围为0%~100%，如图5-4所示。

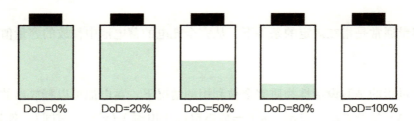

图5-4　放电深度DoD

当DoD=100%时表示完全放电完毕，此时荷电状态为0，电池包内为没电状态；当DoD=0%时表示还未开始放电，此时荷电状态为1，电池包内为满电状态。当一个电池达到80%的DoD时，意味着电池包被充满电之后，放掉了80%的电量，此时就算是深度放电了。

问题071　什么是电池能量？

电池能量是在一定的放电条件下电池所输出的电能，单位通常是W·h或者kW·h，其定义见表5-2。

表 5-2　电池能量定义

电池能量	定义
初始能量	新出厂的蓄电池，在室温下按一定的要求放电至企业规定的放电终止条件时所放出的电能
放电能量	蓄电池放电时输出的电能
额定能量	室温下完全充电的电池按一定的要求达到放电终止电压时所放出的电能
能量密度	单位体积或单位质量的蓄电池能释放出的电能，分为质量能量密度和体积能量密度两种，单位分别为W·h/kg或W·h/L

之所以说电池容量并不代表电池所储存的能量，是因为电池储存的能量除了与它的容量相关之外，还和放电电压有关。

举个例子：某锂电池容量只有750mA·h，但是它的电压是3.7V，所以它实际上的能量是容量乘以电压，拥有2775mW·h的能量；再看某镍氢电池，虽然容量有1900mA·h，但是其电压只有1.2V，算出来实际能量是2280mW·h，也就是说不如拥有2775mW·h能量的锂电池。

问题072　什么是电池密度？

电池密度一般分为能量密度和功率密度两个维度，如图5-5所示。

图 5-5　电池密度定义

能量密度又分为质量能量密度和体积能量密度，分别表示从单位质量或者单位体积的蓄电池中所获取的电能，单位分别为W·h/kg和W·h/L，也称为质量比能量和体积比能量。

功率密度又分为质量功率密度和体积功率密度，分别表示从单位质量或者单位体积的蓄电池中所获取的输出功率，单位分别为W/kg和W/L，也称为质量比功率和体积比功率。

问题 073　为什么单体电池能量密度要高于电池系统能量密度？

单体电池能量密度指的是单个电芯的能量密度。

电池系统能量密度指的是整个电池包系统的能量密度。

单体电池是电池系统中的最小组成单元，对于电池系统而言，除了有数百个单体电池之外，还有电池管理系统、热管理系统、高低压回路、各种加强结构等，这些东西既占用体积也占用重量，因而一般来说，单体电池能量密度要大于电池系统能量密度。

> **拓展阅读**　《中国制造2025》中明确了我国动力电池的发展规划：2020年，单体电池级别的电池能量密度达到300W·h/kg；2025年，单体电池级别的电池能量密度达到400W·h/kg；2030年，单体电池级别的电池能量密度达到500W·h/kg。

问题 074　什么是电池效率？

电池效率指的是电池充放电过程中能量的转换效率。

众所周知，电池就是一个能量储存器，充电时把电能转换为化学能存储在电池之中，放电时把电池内的化学能转换为电能输出以驱动负载进行工作。在这个电化学转换过程中，除了阳极和阴极之间的绝缘体漏电之外，还会存在一些其他的能量损耗，我们也可以把它理解为是电池的健康状态。电池越健康，电池效率越高；电池越不健康，电池效率越低。一般而言，电池效率分为容量效率和能量效率两种。

容量效率指的是电池放电时输出的容量与充电时输入的容量的比值。

能量效率指的是电池放电时输出的能量与充电时输入的能量的比值。

当电池经过多次充放电循环后，电池效率会越来越低，然后就会出现充电时间短、充满后使用时间短的现象。

我们也可以这样打个比方：电池就像是一块海绵，充电就像是海绵吸水（吸水量），放电就像是给海绵挤水（排水量），理想状态下海绵的吸水量和排水量非常相近，但当使用海绵一段时间之后便会发现，海绵恢复形变的能力有些衰减，此后的海绵吸水量和排水量大大不如以前了。

问题 075　什么是电池寿命？

动力电池寿命分为两种：一种叫日历寿命（也被称为使用寿命）；一种叫循环寿命。

日历寿命指的是动力电池从厂家生产出来后到动力电池寿命结束的时间。根据国家的相关规定，当电池电量衰减大于70%时，就可判定该电池到达日历寿命，这通常情况下以年为单位，并不是按电量耗完来算。

举个例子：一般汽车用的锂电池的日历寿命为5~10年，哪怕平时使用不频繁，一年开4000km，使用到5~6年时，总里程虽只有约2万km，电池容量一样有可能衰减到70%。这好比我们购买的食物，假设保质期一年，无论你吃不吃、吃了多少，超过了保质期就不能再食用。

一般而言，电池包的日历寿命与实际的使用情况有比较大的关系，因而车企都不公布具体的数值。通常情况下，车企公布的电池寿命默认为循环寿命。

循环寿命是指在一定的充放电制度下，电池容量衰减到某一规定值之前，电池能经受的充电与放电循环次数。一个循环指的是电池满充一次（从0%到100%）+满放一次（从100%到0%）。

对于不同材料的电芯，循环次数是不一样的。比如：三元锂电芯的理论寿命为800~1200次充放循环，磷酸铁锂电芯约为2000~2500次充放循环。循环次数虽看起来不多，但是电芯很多，电芯数量增加就意味着单次循环的里程数越长，得到的理论总续驶里程数就越多。

举个例子：某款纯电动汽车NEDC续驶里程为600km，用磷酸铁锂电池，以理论循环2000次来算，600km/次×2000次循环=120万km，这就是它号称自己的电芯理论上可以跑120万km的原因了。

> **拓展阅读**　一个循环的定义是完成一次完整的满充+满放，但在日常使用中，尽量避免电池"满充满放"，而是做到"浅充浅放"，这样就能使锂电池更耐用。

问题 076　充放循环次数与电池充电次数有什么区别？

在回答这个问题之前，我们需要先明确一个结论：充放循环次数≠电池充电次数。

对于锂电池而言，一次充放循环指的就是电池完成一次100%完整放电/充电的过程，放电完成之后再进行下一次充电。当电池达到了一次完整的充放周期，电池充放循环次数就会+1。

假设有个电池包，它现在有100%的电量，我们一次性把它的电量用到0%，然后又一次性充满到100%，这就是一次充放循环。此时电池充电次数为1次，充放循环次数为1次；假设对这个100%电量的电池包，我们第一次把它电量用到30%然后充电到100%，然后第二次把电量用到70%然后再充电到100%，虽然使用了2次也充电了2次，但合起来也是一次完整的充放循环，电池循环次数依然为1次，如图5-6所示。

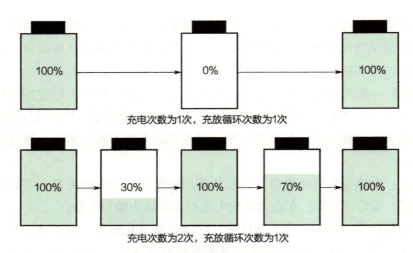

图 5-6　电池充电次数与充放循环次数

换句话说,一个完整的充放循环过程,可以仅充电1次,也可以是2次、3次、4次甚至5次,但只有累计放电量达到100%时,才算一个循环周期,最终决定电池寿命的,是充放循环次数,而不是电池充电次数。

问题 077　什么是电池一致性?

电池一致性是指相同规格型号的单体电池组成电池包(或电池组)后,不同单体电池的电压、荷电量、容量及其衰退率、内阻及其变化率、寿命、温度影响、自放电率等参数之间存在的差别,相关的影响参数差别越小,一致性越高。

如果单体间的不一致性差异大,那么在充电过程中,有的单体会提前充满电,为了保证不会过充电,电池组会停止充电,导致电池组无法达到满电状态;相反,在放电过程中,有的单体会放电快,先于其他单体达到空电状态,为了防止过放电,电池组也会随之停止放电,导致电池组的能量浪费。

电池一致性主要分为电压一致性、容量一致性、内阻一致性、温升一致性四种。

(1) 电压一致性

电压一致性的主要影响因素在于并联组中电池的互充电,当某一个单体电池电压低时,与它呈并联关系的其他单体电池将会给此单体电池充电。

(2) 容量一致性

电池组在出厂前的分选试验可以保证单体电池初始容量一致性较好,在使用过程中可以通过单体电池单独充放电来调整单体电池初始容量,使之差异性较小。

（3）内阻一致性

电池内阻不一致使得电池组中每个单体电池在放电过程中热损失的能量各不相同，最终会影响单体电池的能量状态。

（4）温升一致性

每一个单体电池由于其内部电化学物质制造过程中存在的差异，会对其发热量产生影响，与此同时，每一个单体电池在电池包中所处的位置不同，其散热条件也会存在差异，最终也会导致单体电池的温升不一致。

影响电池一致性的原因，主要由内部因素和外部因素两方面组成，如图5-7所示。

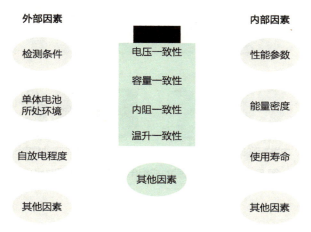

图 5-7　电池一致性影响因素

内部因素指的是原始单体电池在制造过程的差异：由于工艺上的问题和材质的不均匀使得电池内部电化学物质存在很微小的差别，导致同一批次生产出来的同一型号的单体电池的性能参数、能量密度、使用寿命等不可能会完全一致。

外部因素指的是在装车使用时环境的差异引起的单体电池性能的差异。首先，单体电池的检测筛选本身便存在一定的偏差控制；其次，尽管有电源管理系统的控制，但电池包中各个单体电池在电池包内部所处的环境（环境温度、通风条件、电解液密度）、单体电池的自放电程度等也存在一定的差异，这在一定程度上会进一步导致单体电池的不一致性。

电池管理系统对单体电池开启均衡管理，可以有效提升单体电池间的一致性，使之达到相对均衡的状态，从而提升电动汽车电池的使用寿命和安全性。图5-8所示为加均衡前后的成组电池充放电过程对比。

> **拓展阅读**　单体电池组成电池包（或电池组）的容量符合"木桶原理"，最差的那颗单体电池的容量决定了整个电池组的能力。为了提升单体电池的一致性，可以从筛选、热管理、均衡等多个角度进行优化设计。

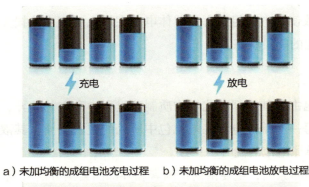

a）未加均衡的成组电池充电过程　　b）未加均衡的成组电池放电过程

c）加均衡后的成组电池充电过程　　d）加均衡后的成组电池放电过程

图 5-8　加均衡前后的成组电池充放电过程对比

问题 078　什么是电池放电？

电池放电指的是储存在蓄电池中的化学能以电能的方式释放出来的过程，见表5-3。

表 5-3　电池放电定义

电池放电	定义
工况放电	蓄电池基于实际运行的负荷，用相应的负载进行放电的过程
恒流放电	蓄电池基于某个设定的恒定电流进行放电的过程
恒压放电	蓄电池基于某个设定的恒定电压进行放电的过程
恒功率放电	蓄电池基于某个设定的恒定功率进行放电的过程
倍率放电	蓄电池以1h放电率电流值的倍数进行放电的过程
过放电	蓄电池在完全放电后继续进行放电的过程

问题 079 什么是电池自放电？

电池自放电指的是在没有使用的情况下，电池电量自动减少或消失的现象。举个例子：当我们把充电宝充好电，放置较长一段时间（未使用），就会发现充电宝里面电量减少了，如果时间足够长，甚至会发现充电宝没电了，这个现象便称为电池自放电。

一般而言，电池自放电分为两种：物理自放电和化学自放电。

（1）物理自放电

物理自放电是由于电池发生了和正常放电一样的物理反应，电子依然是通过电解液来进行移动的，只不过这个移动速度比正常放电要慢很多，并且，由于物理自放电而损失的容量能够可逆得到补偿。

（2）化学自放电

化学自放电是由于电池内部发生了不可逆的反应带来的容量损失，由于化学自放电而损失的容量是不可逆的，无法补偿。

电池自放电主要包括的类型如图5-9所示。

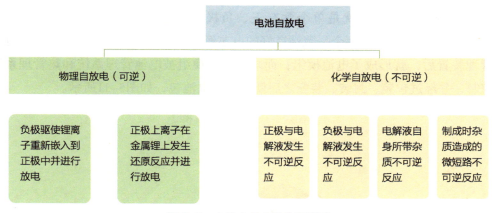

图5-9 电池自放电的主要类型

拓展阅读　在搁置状态下，蓄电池一定程度的自放电属于正常现象，但如果蓄电池充足电之后放电电流过高的话，便比较容易在较短的时间内将电量放光，如果在1个月内每隔昼夜容量降低超过3%，便称为故障性自放电。图5-10所示为自放电电流较高的坏电池和自放电电流较低的好电池的放电电流曲线对比。

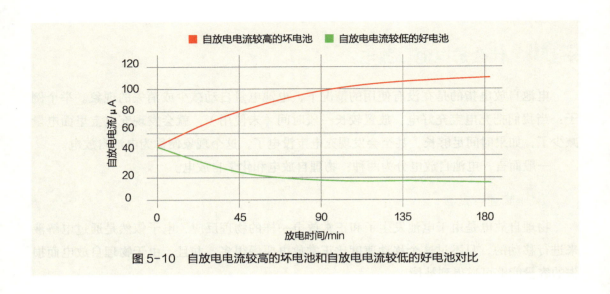

图 5-10 自放电电流较高的坏电池和自放电电流较低的好电池对比

问题 080　单体电池是如何组成电池包的？

提及新能源汽车的电池你会发现，有时说电芯，有时说模组，有时说电池包，其实，电芯、模组、电池包是电池在应用中的不同阶段的称呼。

具体来看，电芯指的就是单个含有正、负极的电化学小单元，可称为"单体电池"，例如一个5号电池；多个一致性良好的电芯经过串并联方式组合并加装单体电池监控和管理装置后，就形成了电池模组；而多个电池模组被电池管理系统和热管理系统管理、控制，并经过包装、封装、装配之后就形成了电池包，如图5-11所示。

二维码视频 5-1
48V 某电池包内部构成

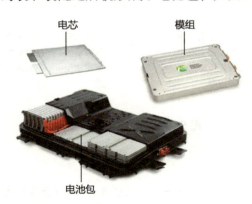

图 5-11　电芯－模组－电池包关系示意图

可以打个比方：单体电池就像小溪，水的流量极小，无法满足轮船航行的需求，于是，多个小溪流汇集在一起成为小河，这便是电池模组；然后多个小河再汇聚就成了大河，这条"大河"便是电池包。

拓展阅读 一般的电池包是由电芯组装成为模组,再把模组安装电池包里,形成了"电芯-模组-电池包"的三级关系,但是业内也有一个新技术——CTP(Cell to Pack),由电芯直接集成为电池包,省去中间的模组环节,从而减少组装模组的端板、侧板以及用于固定模组的螺钉等紧固件,可以有效提升空间利用率及能量密度,降低电池包本身的成本。例如,比亚迪的刀片电池就是CTP技术的典型应用代表。

问题081 什么是铅酸电池?

铅酸电池是一种电极主要由铅及其氧化物制成、电解液是硫酸溶液的蓄电池,其结构形式如图5-12所示。

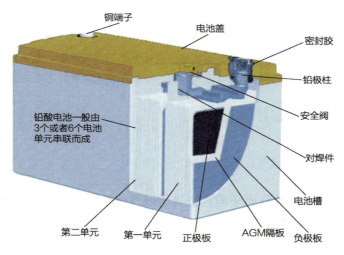

图 5-12 铅酸电池结构示意图

放电状态下,铅酸电池的正极主要成分为二氧化铅,负极主要成分为铅;充电状态下,正负极的主要成分均为硫酸铅。一个单体铅酸电池的额定电压是2.0V,最高充电电压2.4V,最低放电电压1.5V。在应用中,经常用6个单体铅酸电池串联起来组成标称是12V的铅酸电池,另外也还有24V、36V、48V等多种规格。

优点:成本低、低温性好、性价比高、安全性好、适用性好、回收率高。

缺点:能量密度低、循环寿命短、体积大、重量大、有一定的污染性。

问题082 什么是镍镉电池?

镍镉电池是指采用金属镉作为负极活性物质、氢氧化镍作为正极活性物质的碱性蓄电池。它是一种直流供电电池，其内部抵制力小，内阻很小，可快速充电，还可为负载提供大电流，而且放电时电压变化很小，是一种非常理想的直流供电电池。一个单体镍镉电池的额定电压是1.2V，最高充电电压1.44V，最低放电电压0.9V，如图5-13所示。

图 5-13 镍镉电池

镍镉电池适合在极端环境中工作，例如寒冷或炎热的天气，是最早应用于手机等设备的电池种类。由于镍镉电池中含有重金属镉，目前已经基本不再使用。

优点：耐用性好、价格便宜。

缺点：电池容量较小、寿命较短、有污染性、有记忆效应。

拓展阅读　电池记忆效应（Battery Memory Effect）指的是镍镉电池在长时间不彻底充电、放电的情况下，容易在电池内留下痕迹，电池容量下降的现象。电池会回忆用户日常的充、放电幅度和形式，长此以往就很难改动这种形式，不能再做大幅度的充电或放电，从而缩短电池的寿命。

问题083　什么是镍氢电池？

镍氢电池是由镍镉电池改良而来的，也属于碱性电池，其正极活性物质为氢氧化镍（称为NiO电极），负极活性物质为金属氢化物，也称贮氢合金（电极称为贮氢电极），电解液为6mol/L氢氧化钾溶液。它具备镍镉电池的所有优异特性，额定电压也为1.2V，最高充电电压1.4V，最低放电电压0.9V，而且，它的能量密度还高于镍镉电池。

镍氢电池的主要组成部分包括正极、负极、隔膜、电解液、钢壳、盖帽等，在圆柱形电池中，正负极用隔膜纸分开卷绕在一起，然后密封在钢壳之中，其构造如图5-14所示。

优点：价格低、通用性强、安全可靠、基本没有污染、循环寿命长、无记忆效应（低压镍氢电池）。

缺点：重量大、能量密度较低、寿命较短、相对较贵。

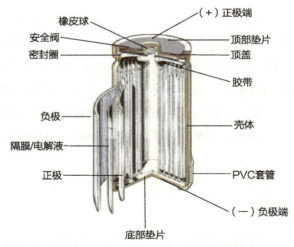

图 5-14 镍氢电池结构示意图

问题 084 锂电池的工作原理是什么？

锂电池大致可以分为两类：锂金属电池和锂离子电池。我们在新能源汽车领域所称的"锂电池"，一般指的是锂离子电池。这是一种使用锂合金金属氧化物为正极材料、石墨为负极材料、使用非水电解质的电池，主要是由正极、电解液、聚合物隔膜、负极组成，如图5-15所示。

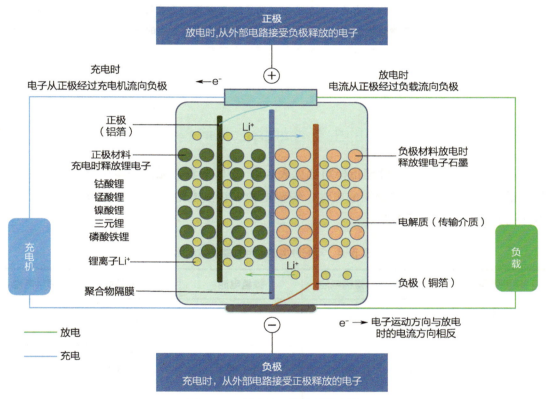

图 5-15　锂电池工作原理示意图

正、负极电极材料须是电子和离子的混合导体，分别通过铝箔和铜箔与电池的正负极相连接，聚合物隔膜是电子绝缘且导离子的微孔膜，把正极材料和负极材料分开，可以允许锂离子Li^+通过，但是不允许电子e^-通过，电解质充满电池内部，是离子导体。

（1）放电过程

在放电过程中（即我们使用电池驱动电机的时候），电池内部嵌在负极碳层中的锂离子Li^+穿过聚合物隔膜向正极迁移，此时，由于电子e^-无法通过隔膜，只能通过电池外部的电路从负极经过负载流向正极，电流便从正极流向负极驱动负载运动（如驱动电机旋转）了。

（2）充电过程

充电过程中（即我们给电池充电的时候），电池内部正极含锂化合物会有锂离子Li^+脱出并经过电解液穿过聚合物隔膜后向负极迁移，负极的碳材料呈层状结构，它有很多微孔，到达负极的锂离子Li^+嵌入到碳层的微孔之中，嵌入的锂离子Li^+越多，充电容量就越高，与此同时，电池外部的电荷补偿电子e^-通过外部电流从正极经过充电机流向负极，从而形成电流以供输出使用。

> **拓展阅读**　在锂离子电池的充放电过程中，锂离子Li^+不停地处于从正极→负极→正极的运动状态，这就像我们生活中使用的摇椅，摇椅的两端为电池的正负两极，中间为电解质（液态）。而锂离子就像优秀的运动员，在摇椅的两端来回奔跑，所以，锂电池又被称为"摇椅式电池"。

问题085　不同类型电池的主要性能指标有何差别？

不同类型电池的主要性能指标对比见表5-4，整体来看，无论是体积能量密度还是质量能量密度，锂电池都要比铅酸电池、镍镉电池、镍氢电池更有优势，当然，对比燃料电池而言还存在极大的差距。

表5-4　不同种类的电池性能参数对比

电池类型	铅酸电池	镍镉电池	镍氢电池	锂电池	燃料电池
体积能量密度/（W·h/L）	50~80	80~150	100~300	250~400	1000~1200
质量能量密度/（W·h/kg）	30~45	40~60	60~80	90~160	500~700
循环寿命	400~600次	600~1000次	800~1000次	800~1200次	10000h
单位成本/月	1~1.5元/W·h	2~3元/W·h	3~6元/W·h	3~5元/W·h	5~6元/W·h
自放电率	0%	25%~30%	30%~35%	6%~9%	—
环保性能	污染严重	污染严重	环保	无污染	无污染
代表车型	传统汽车	—	丰田普锐斯	特斯拉	丰田Mirai
电池生产企业	骆驼	—	PEVE（丰田和松下合资）	LG/松下/比亚迪/CATL等	丰田

问题 086 锂电池有哪些分类？

目前市面上主流的锂电池主要有三种：锰酸锂电池、磷酸铁锂电池、三元聚合物锂电池（简称为"三元锂电池"），如图5-16所示。

图5-16 三种主流锂电池

不同锂电池的区别主要在于正极活性材料的差异。在我们的日常生活中，时时刻刻都有锂电池的存在，我们生活中用到的手机、电脑、电动自行车、充电宝等，都使用锂电池。

问题 087 锰酸锂电池有什么优缺点？

锰酸锂电池是以尖晶石锰酸锂作为正极材料的锂离子电池，如图5-17所示。标准单体锰酸锂电池额定电压为3.7V，最高充电电压为4.3V，最低放电电压为2V。

优点：正极材料成本低、安全性好、低温性能好、价格比三元锂电池低、电压平台高。

缺点：正极材料不稳定容易分解产生气体、能量密度较低、高温性能较差、寿命相对短。

图5-17 锰酸锂电池实物

问题 088 磷酸铁锂电池有什么优缺点？

磷酸铁锂电池是用磷酸铁锂作为正极材料的锂离子电池，标准单体磷酸铁锂电池额定电压为3.2V，最高充电电压为3.65V，最低放电电压为2V。其产品实物如图5-18所示。

目前来看，特斯拉Model 3的标准版车型采用的便是磷酸铁锂电池，此外，比亚迪旗下采用刀

图5-18 磷酸铁锂电池实物

片电池系列的车型，本质上也都是磷酸铁锂电池。

优点：稳定性较好、成本较低，高温性能和使用寿命比三元锂电池更有优势一些。

缺点：能量密度较低、低温性能较差、电压平台较低。

问题089 三元锂电池有什么优缺点？

三元锂电池是指采用镍钴锰或者镍钴铝三种过渡金属氧化物为正极材料的锂电池。其正极材料是以镍盐、钴盐、锰盐为原料，里面镍钴锰的比例可以根据实际需要调整，单体三元锂电池标称电压3.6~3.7V，最高充电电压为4.2V，最低放电电压为2.75~3.0V，如图5-19所示。

三元锂电池是目前许多主流车企旗下车型采用的方案，代表车型有奔驰EQS、奥迪e-tron、小鹏P7、蔚来ES8、沃尔沃C40等。

优点：电压平台高、能量密度大、电池容量高，低温时电池更加稳定，适合北方天气。

缺点：安全性较差、循环寿命较短。

图5-19 三元锂电池

问题090 不同锂电池的主要性能指标有何差别？

不同种类的锂电池性能和参数都是不一样的，表5-5总结了一些相关参数。

表5-5 不同锂电池的主要性能指标对比

锂电池正极材料	锰酸锂电池	磷酸铁锂电池	镍钴锰三元锂电池	镍钴铝三元锂电池
简称	LMO或Li-Min	LFP或磷酸锂	NMC（NCM\CMN\CMN\MNC\MCN）	NCA或锂铝
开始时间	1996年	1996年	2008年	1999年
电压/V	3.7	3.2	3.6	3.6
典型工作电压范围/V	3.0~4.2	2.5~3.65	3.0~4.2	3.0~4.2
质量能量密度/（W·h/kg）	100~150	90~120	150~200	200~260
循环寿命/次	300~700（与放电深度、温度有关）	1000~2000（与放电深度、温度有关）	1000~2000（与放电深度、温度有关）	500（与放电深度、温度有关）

（续）

锂电池正极材料	锰酸锂电池	磷酸铁锂电池	镍钴锰三元锂电池	镍钴铝三元锂电池
热失控	典型值为250℃ 高电荷促进热失控	典型值为270℃ 即使充满电也很安全	典型值为250℃ 高电荷促进热失控	典型值为250℃ 高电荷促进热失控
安全稳定性	较高	最高	较高	较高
说明	功率大但容量少，通常与镍钴锰三元锂电池混合以提高性能	非常平坦的电压放电曲线，但容量低，最安全的锂电池	提供高容量和高功率，市场份额不断增加	提供高容量和高功率，市场份额不断增加
价格	最低	低	低	低
代表车型	东风启辰晨风	比亚迪汉EV	现代Kona EV	2018款特斯拉Model 3
电池型号	—	刀片电池	NCM 811电池	NCA 21700电池
电池生产企业	—	比亚迪	LG化学	松下

其中，磷酸铁锂电池和三元锂电池是全球电动车行业的两大主流电池技术路线。磷酸铁锂电池因为寿命更长、成本更低，在中低续驶里程车型中得到广泛的应用；而三元锂电池因为能量密度高、整车电耗低，主要在中高续驶里程车型中应用。

根据当前市场实际使用情况来看，在未来很长一段时间内，磷酸铁锂电池、三元锂电池这两种技术路线仍将并行发展。对比来看，磷酸铁锂电池的安全性大家已相对认可，但三元锂电池的安全目前仍然是行业公认的痛点和难点。

问题091 什么是锂电池的正确充电方式？

为了保证锂电池的充电安全，在充电过程中，需要确保锂电池的充电电流和电压在特定的范围内。典型的锂电池充电分为四个阶段，如图5-20所示。

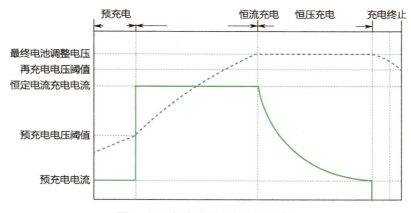

图5-20 锂电池充电电流电压曲线

阶段1——涓流充电：也叫预充电，先对待充电电池的电压进行检测，如果电压值低于3V，那么需要先进行涓流充电。此时，充电电流为设定电流的1/10。

阶段2——恒流充电：待电压升到3V之后，再进入标准充电过程，并以设定的电流值进行恒流充电。

阶段3——恒压充电：当电池电压升到4.2V时，更改为恒压充电，保持充电电压为4.2V，此时，充电电流会逐步下降，直至其下降至设定充电电流的1/10，视为充电结束。

阶段4——充电终止：结束充电。

> **拓展阅读**　四元锂电池是在三元锂电池的基础上，将钴元素含量降低，新增了铝元素，同时提高了镍元素的含量比例。这其中，提高镍元素的含量比例是为了增加电池的能量密度，从而提高锂电池的续驶能力。

据公开消息，目前在四元锂电池领域跑在最前面的是韩国的LG。据LG的官方数据，LG NCMA四元锂电池无论是在能量密度上，还是成本，或是多次充放电后的容量保持率、发热性等方面，相比现在的三元锂电池都是更优的，其安全性可以与三元锂电池保持同样的水平。

问题092　什么是"刀片电池"？

刀片电池是基于磷酸铁锂电池制造的，与传统的磷酸铁锂电池包相比，刀片电池是扁平的、长条形的薄方形结构，整体看起来和刀片外形差不多。这种设计结构不仅让锂电池电芯空间利用率大大提高，同时也减少了其他辅助配件的数量。图5-21和图5-22所示分别是刀片电池的结构示意图和刀片电池实物图。

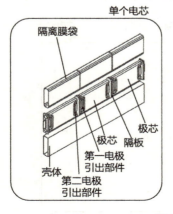
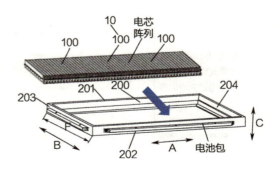

图5-21　刀片电池结构示意图

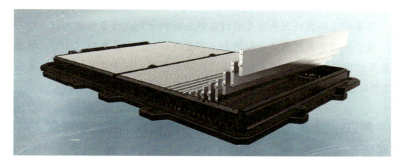

图 5-22　刀片电池

相比于传统电池包40%左右的空间利用率而言,刀片电池的空间利用率可以达到更高的60%,体积能量密度提升明显,体积能量密度超过 330W·h/L;并且,由于刀片电池比传统方形电池更薄,因此散热效果更好,在此基础上,电池包成本有望降低 30%,如图5-23所示。此外,刀片电池的突出特点是安全系数高,并兼具长寿命和长续驶里程的优势。

图 5-23　比亚迪刀片电池包与传统电池包空间利用率对比

比亚迪曾对刀片电池进行了重型货车承压测试,让46t满载重型货车碾压刀片电池包,如图5-24所示。试验结束后刀片电池包完好,无漏液、无变形、无冒烟现象,电池包装回原车依旧可以正常使用。针对比亚迪刀片电池的重型货车承压测试,是比国标的满分要求更高的、更严苛的比亚迪安全标准。

图 5-24　刀片电池包碾压测试

> [拓展阅读] 石墨烯基超级快充电池是通过在电池材料中加入石墨烯添加剂,将石墨烯与硅进行结合作为负极材料,正极则加入石墨烯材料作为导电剂,从而大幅提升充电效率和散热性能,其最大的优势便是更快的充电时间。有研究显示,石墨烯基超级快充电池在高输出功率的充电桩上可实现8min充满80%的超级充电速度。

石墨烯是一种以sp^2杂化连接的碳原子紧密堆积成单层二维蜂窝状晶格结构的新材料,单层的石墨烯是碳原子组成的只有一层原子厚度的二维晶体,它具有极强导电性、超高强度、高韧性、较高导热性以及优异的力学特性,被称之为"21世纪的新材料之王"。其实石墨烯在我们身边就存在,比如铅笔在纸上划过的痕迹,其实就包含有多层石墨烯。

问题093 什么是"弹匣电池"?

弹匣电池是广汽埃安研发的一项提升动力电池安全性的系统性技术,是一种包含被动安全强化、软件主动防控的整套安全技术的结合。基于"防止电芯内短路,短路后防止热失控,以及热失控后防止热蔓延"的设计思路,弹匣电池采用类似安全舱的设计,可有效阻隔热失控电芯的蔓延,当侦测到电芯电压或温度等出现异常时,自动启动电池速冷降温系统为电池降温,如图5-25所示。

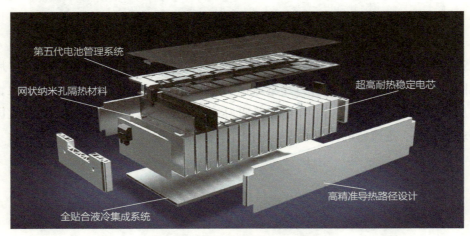

图5-25 广汽埃安"弹匣电池"

"弹匣电池"的设计通过了中国汽车技术研究中心针刺热扩散试验权威验证,如图5-26所示。

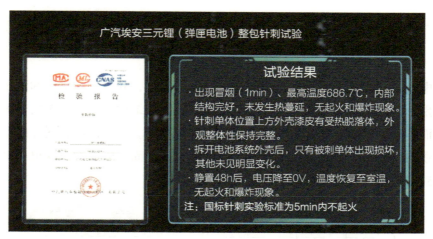

图 5-26 广汽埃安三元锂（弹匣电池）整包针刺试验

试验结果显示，广汽埃安的三元锂（弹匣电池）整包在试验过程中热事故信号发出5min后，仅出现短暂冒烟，无起火和爆炸现象（GB 38031—2020《电动汽车用动力蓄电池安全要求》的热失控标准是：电池单体发生热失控后，电池系统在5min内不起火不爆炸），实现了三元锂电池整包针刺不起火。

在实际应用中，弹匣电池技术可以应用于磷酸铁锂和三元锂两种材料的电池包，如图5-27所示。其中，三元锂弹匣电池优势在于能量密度更高、低温续驶表现更佳；而磷酸铁锂弹匣电池优势在于循环寿命更长、热稳定性更高。

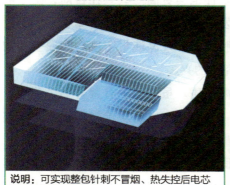
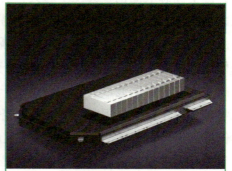

图 5-27 磷酸铁锂弹匣电池和三元锂弹匣电池

问题094 什么是"固态电池"？

固态电池是一种使用固态电极和固态电解质的电池，其原理和传统的液态锂电池没有本质区别，只不过电解质为固态，电解质的密度以及结构可以让更多的带电离子聚集在一端从而传导更大的电流，进而实现更大的电池容量。换句话说，同样的电量，固态电池的体积将会变小，并且，由于没有了电解液，所以固态电池的封存也会更为简单一些，如图5-28所示，是锂离子电池和全固态电池的对比。

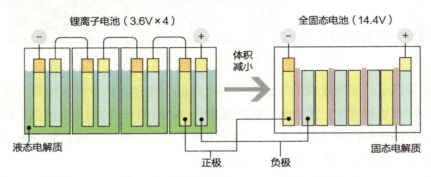

图5-28 锂离子电池和全固态电池对比示意图

在使用了全固态的电解质之后，固态电池的能量密度可以提高到350W·h/kg甚至更高。此外，固态电解质也使得固态电池具有不可燃、不挥发、不腐蚀也不存在漏液的问题，在高温下固态电池也不会发生起火，安全性也会更高一些。在目前，由于液态锂离子电池的技术已经处于瓶颈，液态电解质易发生泄漏挥发、与锂金属易发生副反应产生易燃易爆物质、锂树枝状晶体生长可刺穿隔膜等，开发高能量密度、高安全性的固态电解质来代替有机液态电解质已引起了各方研究者的兴趣。

目前来看，固态电池最大的难题也在于电解质。虽然当下有聚合物、薄膜、硫化物和氧化物四种技术路线，但整体而言其制备工艺复杂、电解质价格较贵，因而整体的成本仍然偏高，仍未实现真正意义上的大规模量产。

在车企行列中，丰田、日产以及大众是固态电池布局靠前的车企。其中，丰田表示第一辆使用固态电池的汽车将于2025年上市，大众最早将于2025年左右推出固态电池车型，日产计划2028年推出固态电池车型，现代计划2030年推出固态电池车型。在国内，表现最为抢眼的便是国轩高科，其在2022年开始进行固态电池技术的迭代升级，生产高安全固态电池，2025年将生产出能量密度超过400W·h/kg的全固态电池。

对于固态电池的发展趋势，中国电动汽车百人会副理事长、中国科学院院士欧阳明高表示：2025年是液态电池向固态电池过渡的关键期，我国动力电池产业化的目标为，到2025年，液态体系电池单体能量密度将达到350W·h/kg；2030年，液态电池向固态电池过渡的固液混合体系电池单体能量密度为400W·h/kg；2035年，准/全固态体系电池单体能量密度将达500W·h/kg。预计到2030年，国内全固态电池占比不会超过1%。

> 拓展阅读　车规级动力电池指的是与车辆属性与使用场景密切相关的，围绕整车对安全性、可靠性、一致性等方面的要求设计与制造并通过专项测试的，涵盖但不限于满足车规级的原材料、车规级电芯的制造控制、车规级的系统设计与制造、车规级的测试规范与回收体系等一系列标准的动力电池。

问题095　什么是电池能量密度？

能量密度指的是单位体积内包含的能量，单位是J/m^3。电池能量密度指的是一定体积或质量物质储存的能量大小，换句话说就是电池的平均单位体积或质量所释放出的电能，其常用单位W·h/L，其中，W·h是能量单位，表示以1W的功率放电1h释放的能量，1W·h=3600J；L是体积单位，W·h/L表示体积为1L的电池所能放出的能量以W·h为单位得到的数值。其计算公式如图5-29所示。

图5-29　电池能量密度计算公式

电池包就好比是燃油车的油箱，在相同体积的情况下，能量密度越高，续驶里程就越长，其关系如图5-30所示。

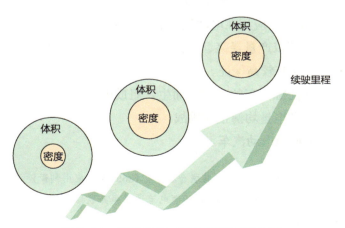

图5-30　能量密度与续驶里程关系示意图

此外，电池（包）能量密度还有以下常用单位：

W·h/kg：W·h是能量单位，表示以1W的功率放电1h释放的能量，kg是质量单位；W·h/kg表示质量为1kg的电池所能放出的能量。

MJ/L：MJ也是能量单位，$1MJ=10^6J$，MJ/L表示体积为1L的电池所能放出的能量以MJ为单位得到的数值。

MJ/kg：MJ/kg表示质量为1kg的电池所能放出的能量。

问题096 什么是18650电池？

18650电池是由锂离子电池的鼻祖SONY公司为了节省生产的成本而制定的一种标准型的锂离子电池的型号。其中，18指的是直径18mm，65是指高度65mm，0代表圆柱形电池，如图5-31所示，便是搭载了18650电池的电池包。

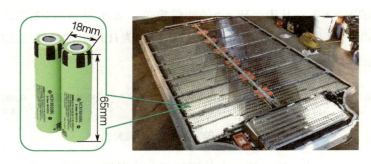

图5-31 搭载了18650电池的电池包

正极材料：三元锂、钴酸锂、磷酸铁锂等。

优点：18650电池是最早应用在电动汽车上的电池之一，同时考虑到其在常规电子产品上的应用极为广泛，所以产量最高，以至于成本分摊维持在极低状态，并且多年经验积累让其良品率和一致性有较高保证。

缺点：并非专为新能源汽车的电驱动而生，组成电池包之后能量密度稍低，热管理系统复杂，对BMS管理和电量均衡也有挑战。

代表车型：部分早期纯电动汽车。

> **拓展阅读** 在特斯拉刚起步的时候，其联合松下把18650电池应用到新能源汽车上，Model S的整块电池板就是由7104节18650锂电池通过串并联组成的。早期使用的18650电池的能量密度约为250W·h/kg。

问题097 什么是21700电池?

21700电池是在提高电池包能量密度、减少电池包内电池数量的需求之下由松下公司推出的一款新型锂离子电池,其中,21指的是直径21mm,70指高度70mm,0代表圆柱形电池,不过最后一位数字0经常被省略,所以也叫2170电池。图5-32所示为搭载了21700电池的电池包。

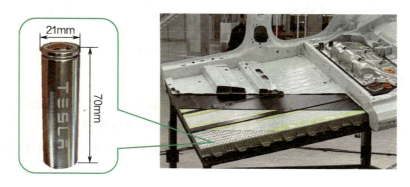

图5-32 搭载了21700电池的电池包

正极材料:三元锂为主,磷酸铁锂为辅。

优点:相比于18650电池,21700电池的容量提升了35%左右,因为由21700电池组成的电池包能量密度可以进一步提高,增大的尺寸让21700电池新增多极耳,充电速度更快。当然,相同容量的电池包,21700电池也可以用更少的电芯,BMS控制和保护算法可以更简单一些。

缺点:用现在的目光来看,21700电池最大的缺点还是在能量密度上,与方形电池及4680电池相比都有不小的差距,只是在体积尺寸上稍稍增大,也仅仅是优化了18650电池的部分缺点,并未达到最终完美状态。

代表车型:特斯拉Model 3和Model Y。

问题098 什么是811电池?

811电池的全称为NCM811电池,指的是正极材料为镍钴锰,且镍钴锰三者的占比分别为80%、10%和10%的三元锂离子电池,简单来说,就是在之前三元锂离子电池的基础上,将电极的材料变为了8:1:1。值得一提的是,除了811电池之外,按照镍、钴、锰三者用量比例不同,镍钴锰三元锂离子电池还有111型、523型、622型等细分种类。图5-33所示为搭载了811电池的电池包。

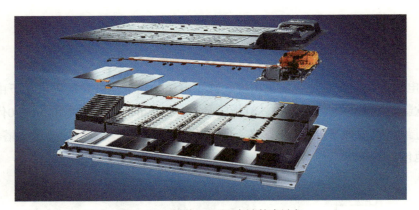

图 5-33 搭载了 811 电池的电池包

正极材料：NCM三元锂，镍钴锰配比8:1:1。

优点：高镍占比可以让811电池有更强的活性，表现在电池总成上就是有更高的能量密度和充放电倍率，在提升续驶里程和动力性上都有较强的优势。

缺点：活性太强导致对环境适应性差，出现热失控边界窄，事故率稍高，对控制和保护技术有较高要求。

代表车型：ID.4、Aion S、奔驰EQS等。

问题 099　什么是 4680 电池？

4680电池是松下公司生产的一种新型锂离子电池，其中，46指的是直径46mm，80指的是高度80mm。4680电池也是一种圆柱形电池，在2020年特斯拉电池日上被公布，2022年正式开始量产装车。图5-34所示为搭载了4680电池的电池包。

图 5-34 搭载了 4680 电池的电池包

图5-35所示为18650、21700、4680电池的对比。

正极材料：NCM三元锂是主流。

优点：4680中的46，是公认的提升续驶里程和降低成本的最优解，同时也能达到能量密度和热管理两方面的平衡。并且，特斯拉在4680电池上加入了无极耳技术，成本和集成技术再度降低。另外，4680电池的结构更适合在负极的石墨中"掺硅"，进一步提高能量密度和充电速度，在未来一段时间内也是国内电池厂商的发展方向之一。

图 5-35　1865（0）、2170（0）、4680电池大小对比图

缺点：圆形的形状决定了4680电池在空间利用率上不如方形电池，另外高镍的占比也会让其材料过于活泼，如何降低单体热失控发生率是当下的难题。而且，它毕竟是一款全新规格电池，量产工艺需要一段时间的稳定，以提升一致性和良品率。

代表产品：未来的新款特斯拉Model Y和Model 3。

问题100　什么是电池包 IP 防护等级？

电池包IP防护等级全称为Ingress Protection Rating，指的是电池包的防尘、防水的性能水平，它定义了一个物品对液态和固态微粒的防护能力。IP后面跟了2位数字，第1个是固态防护等级，范围是0~6，分别表示对从大颗粒异物到灰尘的防护；第2个是液态防护等级，范围是0~8，分别表示对从垂直水滴到水底压力情况下的防护。具体见表5-6，数字越大表示能力越强。

表 5-6　IP 防护等级

IP 数字	固态防护等级	
	防护范围	说明
0	无防护	对外界的人或物无特殊的防护
1	防止直径大于50mm的固体外物侵入	防止人体（如手掌）因意外而接触到电器内部的零件，防止穿透尺寸（直径大于50mm）的外物侵入
2	防止直径大于12.5mm的固体外物侵入	防止人的手指接触到电器内部的零件，防止中等尺寸（直径大于12.5mm）的外物侵入
3	防止直径大于2.5mm的固体外物侵入	防止直径或厚度大于2.5mm的工具，电线及类似的小型外物侵入而接触到电器内部的零件
4	防止直径大于1.0mm的固体外物侵入	防止直径或厚度大于1.0mm的工具，电线及类似的小型外物侵入而接触到电器内部的零件

（续）

IP	固态防护等级	
数字	防护范围	说明
5	防止外物及灰尘	完全防止外物侵入，虽然不能完全防止灰尘侵入，但灰尘的侵入量不会影响电器的正常运作
6	防止外物及灰尘	完全防止外物及灰尘侵入

IP	液态防护等级	
数字	防护范围	说明
0	无防护	对水或湿气无特殊的防护
1	防止水滴浸入	垂直落下的水滴（如凝结水）不会对电器造成损坏
2	倾斜15°时，仍可防止水滴浸入	当电器由垂直倾斜至15°时，滴水不会对电器造成损坏
3	防止喷洒的水浸入	防雨或防止与垂直的夹角小于60°的方向所喷洒的水侵入电器而造成损坏
4	防止飞溅的水浸入	防止各个方向飞溅而来的水侵入电器而造成损坏
5	防止喷射的水浸入	防持续至少3min的低压喷水
6	防止大浪浸入	防持续至少3min的大量喷水
7	防止浸水时水的浸入	在深达1m的水中防30min的浸泡影响
8	防止沉没时水的浸入	在深度超过1m的水中防持续浸泡影响。正确的条件由制造商针对各设备指定

目前，许多新能源汽车的电池包防护等级都做到了IP67，有些做到了更高。

问题101　为什么不同厂家的电池包不能通用？

首先，电池包的外轮廓边界受限于车身结构，每个厂家的车身结构都不一样，故而电池包的尺寸无法统一。

其次，电池包的容量会影响到空间、成本、安全、性能等，每个厂家的电池包的容量不一样，尺寸因而也会存在不小的差异。

此外，考虑到碰撞安全的要求，对于碰撞后的传力路径，每个厂家运用的安全策略是不一样的，电池包所应用的结构设计也不一样，电池包与车身的连接关系也不一样。图5-36所示为奥迪e-tron 55的电池包与车身连接关系示意图。

图 5-36　电池包与车身连接关系示意图

也因此，对于不同厂家来说，电池包通用的概率非常小。

问题 102　什么是能量回收？

能量回收就是把减速过程中将要浪费掉的能量形式转化为电能储存起来再利用，如图5-37所示。这样不仅可以延长电动汽车的续驶里程，还可以让制动更为平稳、减少制动系统的磨损、延长制动系统的使用寿命。

对于电动汽车而言，能量回收存在两种场景：制动能量回收和滑行能量回收。区分二者的唯一标准就是是否踩制动踏板，通过踩制动踏板实现能量回收的就是制动能量回收；仅依靠不踩加速踏板实现能量回收则是滑行能量回收。

为了满足消费者不同的驾驶需求，不少新能源汽车还会设置三种能量回收模式，不同模式下能量回收的力度不同，带来的驾乘质感也不一样，如图5-38所示。

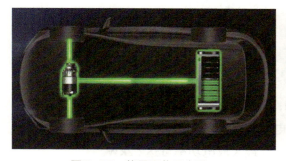

图 5-37　能量回收示意图

图 5-38　不同能量回收模式及其应用场景

能量回收的本质，还是在于给电池包充电，在一个正常的驾驶过程中，能量回收系统确实会让电池反复处于"放电→充电→放电→充电"的循环之中，所以严格来讲，这是会增加电池循环次数的。但由于它充的电量很少，并且回收时的功率也不是很大，所以对电池循环次数的影响是很小的。

举个简单的例子，车辆从初速100km/h制动到停止，制动距离只有40~50m，这个事情在几秒之内就能完成，假设我们在路上开几百千米，可能动能回收的时间加起来也只有几分钟，由此便不难判断它的影响之微小了。

问题103 为什么锂电池要"浅充浅放"？

所谓"浅充浅放"，指的是在实际用车时，尽量让电池在20%~80%的区间进行充电使用，确保电量始终都不要出现低于20%，或者高于80%的状态。

我们都知道，电动汽车的锂电池是有寿命的，这个寿命是按照充放循环次数来进行衡量的，关于动力锂电池电芯循环使用次数，国家强制要求必须要在1000次以上，三元锂离子电池一般能做到1000次以上，磷酸铁锂一般可以做到2000次。完整充放电的次数越多，电池的使用寿命就会越少，延长电池寿命有很多种办法，其中一种行之有效的办法便是"浅充浅放"。

由于锂电池没有"记忆效应"，"浅充浅放"会更有利于减缓电池的衰减速度，通俗来讲就是，让锂电池"少食多餐"要比每次"饿晕再吃饱"更健康。这就像是人吃饭一样，少食多餐最好，无论是太饿还是太饱，都不是最好的状态。

锂电池的理论寿命是固定的，衰减也是不可避免的。在使用过程中，我们可以借助一些好习惯放缓它的衰减速度，浅充浅放能够延长电池寿命就是这个原理，从另外一个角度来说，"少次多充"是实现"浅充浅放"的重要手段。

> **拓展阅读** 在手机刚诞生时，使用的是镍镉电池，因为具有"记忆效应"，反复充电（但不充满）会导致电池的寿命衰减，所以那时的使用原则是"充满、放净"。但锂电池不存在这种效应，可以随充随放，这也是"浅充浅放"原则的理论基础。

问题104 "V2L对外放电"是什么功能？

V2L对外放电英文全称为Vehicle to Load，又可称为"车辆到负载（放电）"，指的是车辆通过降压和逆变电路，将电池包内的电能转换成220V交流电供家用电器使用的功能。图5-39所示是理想ONE的对外放电场景，其最大放电功率可达2.2kW。

图 5-39　理想 ONE 对外放电功能

这个功能对有较多户外旅行需求的用户来说堪称"神助攻",带上电磁炉、电烤盘就能随时随地来一场野餐,甚至,你可以带上投影仪、游戏机,在野外玩游戏的需求也可以实现。

在此举个例子,2011年日本东部地区发生地震期间,由于汽油供给受阻,EV成为当时医疗人员及后勤支援的主要交通工具。此外,在紧急情况下,EV的大容量电池也能对外供电,这也是实现车辆为家庭供电(Vehicle to Home,V2H)、车辆为电网供电(Vehicle to Grid,V2G)及车辆为建筑供电(Vehicle to Building,V2B)等技术的重要契机。

V2G,英文全称Vehicle to Grid,意思是车辆到电网,这种功能其实是利用纯电动汽车大容量电池包和电网峰谷差价来提升电网电能利用率,顺便为用户赚取一定收益的功能。例如,在白天的时候,可以将电池内的电能释放到电网高价卖出,夜间再将低价电充回到电池包,如此反复。图5-40所示为V2G技术原理及率先进入V2G技术落地应用的威马EX5-Z。

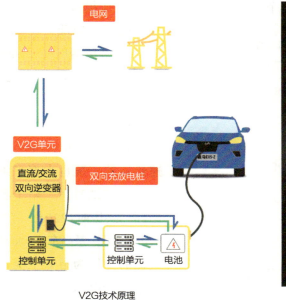

V2G技术原理

威马EX5-Z

图 5-40　V2G 技术原理及搭载 V2G 技术的威马 EX5-Z

拓展阅读 V2V应急救援补电的英文全称为Vehicle to Vehicle，也是反向输电的一种，通过专用V2V连接线实现一辆电动汽车向另一辆电动汽车充电，可以在充电设施不便的场景下解决另一辆电动汽车因为没电而停驶的问题。如图5-41所示，AITO问界M5便支持V2V应急救援补电功能，最大支持15 kW/h。

图5-41　V2V应急救援补电功能

问题105　什么是NEDC续驶里程？

NEDC是英文New European Driving Cycle的缩写，意思是"新欧洲驾驶循环工况"。

具体来说，NEDC循环工况中包含4个市区循环和1个郊区循环（模拟），其中，市区工况车速较低，运转循环为195s，包括启动、加速、减速停车等几个阶段，这几个阶段中又包含了几十秒的匀速运转；郊区运转车速较高，循环为400 s，同样的匀速运转的工况也占据了绝大部分的测试时间。整个测试循环一共历时1220s，前780s为市区工况，最高车速50km/h，后面的一段为市郊工况，最高车速120km/h，如图5-42所示。

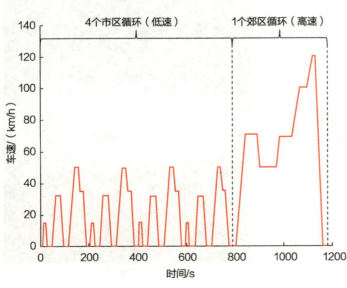

图5-42　NEDC循环工况

> 拓展阅读　虽然在无风的平路上也能进行NEDC测试，但为了提高重复性和测试效率，NEDC测试都是在20～30℃室温下的室内转鼓台架上进行的室内试验，和轮胎接触的滚筒带有电机用来模拟不同工况下的阻力。在车头前面还有一台鼓风机，用来模拟和当前车速相符的气流，这种测试在车辆研发过程中都会进行，如图5-43所示。

图5-43　NEDC工况台架测试

值得一提的是，在NEDC的测试中，测试时所有其余负载（空调、车灯、加热座椅等）都会关闭，这也就使得NEDC的测试结果与实际续驶里程的差异会更大一些。

问题106　什么是WLTP续驶里程？

WLTP是英文World Light Vehicle Test Procedure的缩写，意思是"世界轻型汽车测试规程"，是一套全球统一的汽车能耗测试规程。目前，欧盟已经强制要求汽车制造商进行WLTP测试和RDE测试（Real Driving Emissions，真实路况驾驶排放），以取代原有的NEDC测试。

这其中，WLTP测试根据车型的功率质量比（PWR）将车辆划分为三级，并对应设计了三种测试循环，对于绝大部分的乘用车而言，功率质量比均会大于34kW/t，因此都归属于第3级的大功率车型。具体测试如图5-44所示，接下来也将以WLTP第3级测试为例进行展开说明。

在WLTP台架测试之中，考虑了四种道路类型：低速、中速、高速、额外高速等四种工况，对应的持续时间分别为589s、433s、455s、323s，对应的最高速度分别为56.5km/h、76.6km/h、97.4km/h、131.3km/h，总共持续1800s，累计行驶里程23.3km，测试中最高车速是131km/h，平均车速为47km/h。

并且，WLTP标准还加入了RDE测试，这就是实际道路驾驶测试，把车辆放在不同的驾驶场景下，如城市道路（约34%）、乡村道路（约33%）、高速公路（约33%）等，

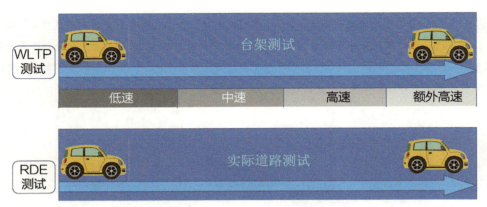

图 5-44　WLTP 测试和 RDE 测试

对车辆的续驶里程进行测试。WLTP工况测量准确度比NEDC提高了不少，除了可以测试纯电动汽车之外，也可以测试插电式混合动力汽车，同时也可以对传统燃油车进行测试。

值得强调的是，虽然也是室内台架测试，但在WLTP的实际测试过程中，车速的变化是尽可能贴近日常用车情况的。图5-45所示为WLTP与NEDC测试的对比。

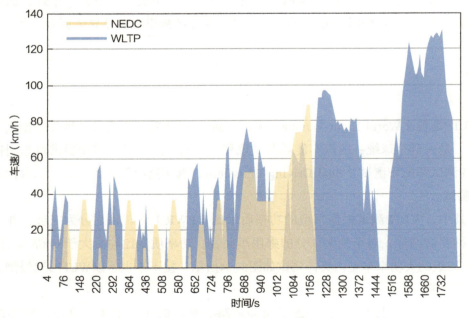

图 5-45　WLTP 和 NEDC 循环工况对比

相对于NEDC测试来说，WLTP测试时的车速变化是没有规律的，也不会出现NEDC测试时的匀速工况，所以相同车型WLTP标准测试出来的续驶里程要比 NEDC 短一些。有数据统计，WLTP续驶里程比NEDC续驶里程大约有20%左右的降幅。

问题 107　什么是 CLTC 续驶里程？

CLTC测试是我国使用的最新汽车行驶工况法CATC（China Automotive Test Cycle）中的一种，包含了轻型乘用车工况（CLTC-P）与轻型商用车工况（CLTC-C），前者是China Light-duty Vehicle Test Cycle-passenger的缩写，意思是"中国轻型汽车行驶工况"，用以替代此前的NEDC工况。

CLTC-P工况循环时间共1800s，比NEDC更长，与WLTC一致，由低速工况、中高速工况以及高速工况三部分组成，分别与消费者日常驾车时的城市工况、郊区工况和高速工况一一对应，并且，其速度的变化也更为贴近实际驾驶情况，如图5-46所示。在测试中，CLTC 工况最高车速 114km/h，平均车速 28.96km/h，相比 NEDC 以及 WLTP 循环工况更低。

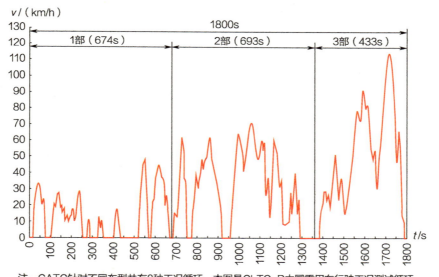

注：CATC针对不同车型共有8种工况循环，本图是CLTC-P中国乘用车行驶工况测试循环

图 5-46　CLTC-P 循环工况

值得一提的是，CLTC 的停止（怠速）工况也占据更长的时间，达到了419 s，占据总测试的 23.33%。对比来看，NEDC 工况下，停止时间284s，占据总测试的24.93%；WLTP 工况下，停止时间235s，占据总测试的13.06%。

> **拓展阅读**　此前国际上一直使用的乘用车工况是NEDC工况，但NEDC工况是20世纪的欧洲标准，历史太久，并且，NEDC测试工况跟我国国内的实际道路状况存在很大的差异。换句话说，就是测试出来的数据跟国内实际数据差太多，不实用，所以我国推出了CLTC工况，这是专门针对国内用车环境进行调研开发的乘用车循环测试工况，更为贴近国内的驾车环境。

问题 108　什么是 EPA 续驶里程？

EPA 是美国环境保护局（United States Environmental Protection Agency）的缩写，EPA 工况是现阶段美国在用的续驶里程测试标准。

相比较前几个测试而言，EPA 测试就显得复杂了许多。具体来说 EPA 测试包括 4 种工况循环：市区工况、高速工况、高速加速工况（也称为"激烈驾驶工况"）和空调工况，总持续时间达 3831s。如图 5-47 所示，最终结果由这几个工况的实测结果通过一定的加权方式计算得出。

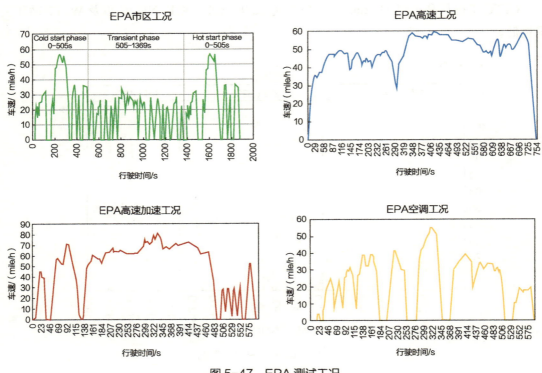

图 5-47　EPA 测试工况

EPA 测试的测试时间长、里程长、速度高、变速多，考虑了环境温度对能耗的影响，而且这其中有测试项目是要开空调的，因此，其测试结果会更加接近实际驾驶。

> **拓展阅读**　关于四种续驶里程测试的对比见表 5-7，从续驶里程数值来看，EPA < WLTP < NEDC < CLTC。换句话说，最严苛的是 EPA，最接近真实续驶里程的是 WLTP。

表 5-7 NEDC、WLTP、CLTC、EPA 四种续驶里程测试标准对比

工况		某车实测续驶里程/km	单次循环总时间/s	停止时间占比/(%)	单次循环总距离/km	全程平均速度/(km/h)	全程最大速度/(km/h)	行驶平均速度/(km/h)	主要特点
NEDC		≥900（估）	1120	25	10.93	33.2	120	44.3	▶ 测试时间较短 ▶ 工况较为简单 ▶ 用风力模拟实际风阻 ▶ 试验中电器（空调等）会被关闭
WLTP		784	1800	13	23.27	46.5	132	53.5	▶ 测试时间较长，距离较远 ▶ 加速和制动过程更多 ▶ 将滚阻、车重等都纳入了测试 ▶ 考虑了空气动力学和功耗的影响
CLTC-P		849	1800	23.33	14.48	28.9	114	37.7	▶ 测试时间较长，但距离不长 ▶ 全程最高车速更低 ▶ 全程平均车速更低 ▶ 缺少超高速和低温环境的模拟
EPA	市区工况	563	1874	—	17.77	34.1	—	—	▶ 测试时间最长 ▶ 测试里程最长 ▶ 测试均速最高 ▶ 测试工况最复杂，难度最高 ▶ 考虑了环境对能耗的影响 ▶ 考虑了空调对能耗的影响
	高速工况		765	0.78	16.45	77	95.8	77.7	
	高速加速工况		596	7.49	12.8	76.7	128.5	83	
	空调工况		596	19.47	5.8	34.8	87.6	42.6	

问题 109　电动汽车的电池包有多安全？

一直以来，电动汽车碰撞起火、冒烟等词汇都是汽车行业的敏感字眼，这是因为，一旦发生电动汽车起火事故，很多时候都意味着巨大的损失。而起火，很多时候也都是由于电池导致的，所以，车企的电池工程师们在电池的防护上可谓是费尽了心思。具体来说，主要有以下5个方面，如图5-48所示。

图 5-48　电池包安全性设计

（1）车身防护设计

高安全性的车身材料以及超强的车身侧面结构是电池包防护的根本，与此同时，在电池包四周吸能区设计更多的吸能结构，也是车企工程师们努力的方向之一。许多车型的电池包周围甚至底护板上的关键位置都被设计了相应的吸能区域，例如大众ID.6X便设计了大量的车身结构将电池包"围"在正中间以免受外力的冲击，如图5-49所示。这样的设计可以使碰撞事故的影响尽可能不波及电池包。

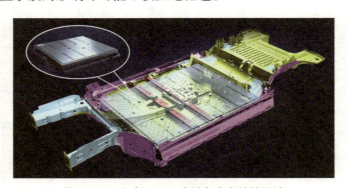

图 5-49　大众 ID.6X 电池包车身防护设计

（2）电池包框架结构防护设计

除了高强度车身设计之外，带有多条加强筋的高强度电池包框架也是电池包保护的必要条件。相比于早期新能源汽车刚刚起步时的电池包焊接箱体或者加工箱体而言，当下不少纯电动汽车已经开始采用一体式高强度铸铝设计，从最基本的强度和刚性上完成对内部相对脆弱的电芯的防护。图5-50所示为岚图FREE的电池包高强度铝合金框架。

图 5-50　岚图 FREE 电池包高强度铝合金框架

（3）电池包内部结构防护设计

除了在电池包的外壳上进行结构强化设计之外，在电池包的内部，工程师们也会通过横纵交织的加强梁形成电池包的立体防护结构，保护内部电芯免遭碰撞力的伤害，如图5-51所示。

图 5-51　大众 ID.6X 电池包内部横纵交织的加强梁

二维码视频 5-2　大众 ID.6X 电池包内部横纵交织的加强梁视频

除此之外，对于部分车型而言，还会在电池包内部给电芯预留一定量的吸能空间，以确保电池包在受到猛烈撞击并发生变形时，电芯不会被波及。

在上述多项措施的加持之下，在电池包发生碰撞之时，冲击力可以得到有效的扩散。图5-52所示为别克微蓝7纯电SUV的正面碰撞传力路径。

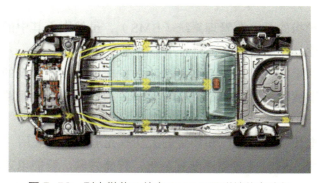

图 5-52　别克微蓝 7 纯电 SUV 正面碰撞传力路径

二维码视频 5-3　别克微蓝 7 纯电 SUV 正面碰撞传力路径视频

（4）电池包内部其他保护设计

在一个成熟的电池包设计中，除了横纵交织的加强梁之外，软质保护板以及云母片等高压安全防护材料是必不可少的。在线绝缘监控也集成在BMS电池管理系统内，在运行和充电过程中实时监控电池绝缘状态。

除此之外，大多数电池包的每个电芯之间都会存在由液冷水道或者隔离凝胶组成的冷却系统，这样做的好处是在单个电芯发生漏液或者热失控之后，并不会影响周围电芯的安全状态，将大规模的整体故障限制在萌芽状态，如图5-53所示。

图 5-53　奥迪 e-tron 电池包内部保护设计

并且，在许多电池包的电芯中，会内置熔丝，遇到外部短路时，熔丝会立即断开回路，保证电芯安全。

此外，在每个模组或者某些特定区域，基本都会设置有温度传感器、压力传感器等部件对电池包实时监控，在发生故障之后可以第一时间将信息上报。例如岚图梦想家便为其电池包设计有毫秒级主动断电系统，当电池管理系统发出热失控预警时，系统可以在2ms内主动断开能量输出回路，电压降低至60V以下，保障人员安全。

值得一提的是，已经有部分车企在规划电池包内部主动灭火等功能，以求进一步降低电池起火的概率。

（5）电池包软件保护设计

电池包软件保护指的是电源管理系统（BMS），虽然嵌入其中的软件代码看不见也摸不着，但论重要性，一点也不亚于前面几个措施。

BMS中最能体现防护功能的便是各种故障防护模块，除了常规的过电压、过电流、温度保护之外，热事故预警、SOH/SOP/SOF估算、合理的充放电策略等也都为安全运行起到了保障作用。

另外，随着高电压平台的推广和伴生的大功率充电技术的应用，电池BMS软件防护的重要程度愈发升级，同时功能也逐渐复杂化，智能并联、智能电芯均衡、智能快充、BMS失效防护、双重过流防护等功能已经开始在终端产品上有所布局。

问题 110　电池容量越大续驶里程就一定越长吗？

决定纯电动汽车续驶里程的，除了电池容量之外，另一个重要影响因素是百公里电耗，但是百公里电耗不仅与三电技术有关，还与整车的空气动力学设计（与空气阻力相关）和轻量化设计（与摩擦阻力相关）等多方面的因素有关。当然，如果考虑得更细致一些的话，续驶里程与天气路况、驾驶技巧、车辆重量（如坐了几个人、带了多少行李）等都有关系，如图5-54所示。

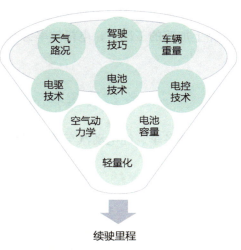

图5-54　续驶里程的主要影响因素

市面上有一些车虽然电池容量很大，但是续驶里程却并不长，其实就是因为电池容量大并不代表着续驶里程长，电池容量和续驶里程并非简单想象的线性关系，续驶里程的影响因素有很多。

因此，一味地去提高电池容量并不是个明智的决定，电池容量的增大，一方面增加了续驶能力，另一面也加大了对抗车身自重的能量消耗，并且，电池容量增加也会带来一定的负面影响，如充电时间更长、充电时温度也会升高很多等。

相关研究表明，新能源汽车每减重10%，续驶里程可提升5%~6%。因此，最终想要提升续驶里程，还是要从电池能量的利用效率、电池技术、电机技术、电控技术、整车设计等多方面结合入手。

可以预见的是，未来电动汽车的电池容量一定会平衡在某一个点，而不是像一些人想象的那样一个劲儿堆砌电池就好。电池容量、续驶里程、自重三者之间相互制约，在任何一方没有得到突破，这个平衡关系都将一直维持。

问题 111　为何纯电动汽车跑高速续驶里程就掉得快？

纯电动汽车跑高速，需要克服两方面的阻力：空气阻力和滚动阻力，反映到汽车本身上，就是空气动力学设计和纯电动车本身的车重。当然，掉电快还有一个原因就是电机本身的特性。

首先，车速越快，空气阻力占到的整车阻力比例也越大，跑高速时纯电动汽车需要克服的空气阻力变得更大了。

其次，相比较同级燃油车而言，纯电动汽车普遍比燃油车都要重一些，一般情况会重200~400kg。重量越大的物体要达到相同速度，自然需要消耗更多能量。

此外就是电机本身的特性导致的，纯电动汽车的驱动装置是电机，在转速增加至超过其高效区间之后速度再高的话，电机会有弱磁现象，效率开始降低；而且，高速情况下功率输出加大，电池在大功率放电情况下效率也会下降。在二者叠加之下，在高速公路上加速的工况下，电机效率会有一定程度的降低。

问题112 冬季续驶里程为何与夏季差这么多？

在冬季，纯电动汽车续驶里程会打折，这确实是一大通病，如图5-55所示。

图5-55 纯电动汽车冬季续驶里程打折

原因主要有四个方面：电池衰减、风阻变大、空调暖风、传动阻力变大。其中，很大一部分是锂电池内部的电化学特性所导致的。

（1）电池衰减

只要是锂电池，就逃脱不了电化学反应，而只要是化学反应，温度就一定是关键影响因素。低温下，锂离子的活性降低了，电池包的储电能力会下降；低温下，电解液黏度会加大，电池的放电会有一定的损失；低温下，负极材料晶格会收缩，导致充电会有衰减。此外，低温下，为了保证电动汽车的性能，需要不断给电池包加热，如此一来，用到续驶上的电量就变少了，整体而言，电池在低温工作下会出现不同程度的衰减。这就好比冬天里人们都喜欢躲在被窝里面懒得动，道理是一样的。

（2）风阻变大

随着冬季气温的下降，汽车的阻力也会产生变化。例如，-7℃的空气密度是25℃空气密度的1.12倍，车辆行进时的空气阻力自然变大，风阻系数成为耗电的关键因素之一。

（3）空调暖风

和燃油车可以用发动机的余热制暖不同，纯电动汽车需要消耗电量来给空调制热，从而会消耗不少的电量。试验表明，电动汽车以-7℃标准进行测试时，空调耗电的比例一般占整车电耗的20%~25%。冬季使用空调暖风制热的需求加大，用来制热的电量消耗增加了，用来驱动车轮的电量自然就减少了。

（4）传动阻力变大

传动系统里的润滑油脂在气温降低后会变得更加黏稠，效率也会发生变化，从而增加驱动电耗，导致电动汽车在冬天用同样的动力行驶，消耗的电量比其他季节更多。当然，这部分的损失相对而言就要小很多了。

问题113 怎么延长新能源汽车电池包寿命？

就目前来看，动力电池依然是纯电动汽车的技术短板。电池能量密度背后的电池包容量是难点的一方面，如何延长电池包的寿命也相当关键，毕竟现在材料价格位居高位，换个电池，价格不是所有人都能接受的。想要延长电池寿命，就要收敛任性的用车方式，具体来看，有以下几个注意事项。

（1）和油箱不一样，要控制好放电深度

放电深度和仪表上显示的剩余电量息息相关，如果剩余电量过低，意味着放电深度过大，可能会造成电极活性物质钝化，这也将会导致电池寿命的缩减。因此在日常使用过程中，尽量不要让电池电量小于20%。同时，养成良好的充电习惯，让电池电量在大多时候处在20%~80%之间，这样可以有效改善电池的循环特性，延长使用寿命。

（2）关于充电，能慢充就慢充

受制于电池材料固有特性，直流快充会让析锂现象出现的概率提高，造成电池寿命降低的同时，也在一定程度上提高了事故概率。因此，在充电时，建议优先使用交流慢充而非直流快充，这主要是为了降低电池的电流倍率，让电化学反应得以有充分的反应时间。如果不得已长期使用快充方式充电的话，建议每月至少进行2~3次慢充，更有利于保护电池。

（3）驾驶风格也关键，尽量不要"地板油"

在电池包大倍率电流输出时，锂离子脱嵌和插嵌的速度会变快，锂离子游动速度增加，来不及进入正负极的锂离子可能会以金属锂形态沉积在极片表面，正极活性物质减少，也就意味着寿命的缩减，这与大功率充电对电池寿命带来的影响是一个道理。因此，在行驶过程中降低放电电流带来负面影响的关键就是减少瞬时大功率输出，即降低"地板油"这种急加速场景的频率，加速时也尽量不要频繁"急加速"，让车辆在温和

的车况下运行。如此一来,动力电池始终能运行在一个比较恰当的工况之下,以达到延长寿命的目的。

(4) 虽然可以暴晒,但尽量避免

纯电动汽车在白天停放过程中,可以接受暴晒,但有条件的情况下我们应尽可能避免。背后原因也比较简单,在停车过程中,许多电动汽车的冷却系统是停机关闭的,并不会主动调节。此时,气温的上升可能会导致电池内部环境恶化。因此,在停车时,建议选择遮阳或通风良好的位置停放或充电。

(5) 长时间不用车,记得定期充电

和日常家里使用的5号电池、7号电池一样,在长时间不使用的情况下,所有电池都会持续进行微弱的自放电,这就是许多小家电即便是长时间未使用,但电池的电量仍然会耗尽的原因。因此,对于电动汽车而言,如果长时间静置停放导致电量极端降低之后,活性材料钝化,电池包容量便会发生不可逆的降低,从而会进一步影响电池的寿命。因此,如果需要停放很长时间,最好进行周期性的充电,确保电量处于20%~80%之间,不会出现过度放电的情况。

(6) 定期检查养护,相当必要

虽说纯电动汽车的维护保养并不像燃油车那样复杂,但定期检查养护还是相当必要的。例如,电池包内冷却液需要每隔一段时间添加换新,BMS管理程序根据OEM的迭代也会通过4S店的检查一并更新,能否提高寿命需要澄清,但保证用车安全还是能轻松达成的。

即便是当下对电动化出行最看好的支持者,现如今也无法直截了当地给出"现有的电池技术已经完全可以满足大范围全面的普及"的结论。寿命、安全以及价格等已经持续几十年的问题,依然还是摆在整个行业面前的阻碍。在这种状态下,现有的纯电动汽车的车主能做的,就是尽量给动力电池一个恰当的使用环境,毕竟,换电池的费用终究还是要自己出的。

问题114 电池"热失控"是什么意思?

由于电池正极材料本身的化学特性太过活泼,当电池温度过高或充电电压过高时,会引发很多潜在的放热副反应,这些热量如果得不到疏散,就会引起电池温度和压力急剧上升,最后就会发生热失控。

研究表明,在环境温度不超过80℃时,电池能够进行正常的充放电,在电池温度超过

80℃后电池内部材料开始分解，电池性能发生衰退，随后进入失效阶段。随着温度的持续上升，电池隔膜发生熔融，导致正负极材料接触引起电池内短路并产生大量的热，导致电流内部温度持续上升，发生热失控。

锂电池的热失控是动力电池安全事故的核心原因，而其一般又分为机械滥用、电滥用和热滥用三类，如图5-56所示。

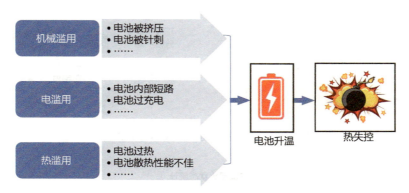

图5-56　电池内部因素致热失控示意图

值得注意的是，当一个电池单体发生热失控之后，相邻单体也很容易受热扩散影响后相继发生热失控，导致热失控蔓延，即热扩散，最终导致电池燃烧，严重时甚至发生爆炸。近年来由锂离子电池热失控引发的电动汽车安全事故频繁发生，严重阻碍了锂离子电池在电动汽车领域的商业化发展。

> **拓展阅读**　由于三元锂电池本身材料的特性，其在燃烧时甚至不需要氧气等助燃剂，所以在发生热扩散之后很少有能扑灭的，很多时候都只能等待其燃烧完全。相对而言，磷酸铁锂电池的起火概率比较低，很多时候只会停留在发烟发热的层级。

问题115　电动汽车为什么会自燃？

电动汽车自燃一般都是电芯或者电池系统在外部因素或者内部因素的作用下导致的，这其中，外部因素包括过充、短路、挤压、高温、针刺等导致电池发生短路，而内部因素又包括正极材料纯度低、电解液分布不均匀、极片毛刺、负极析锂、隔膜表面有杂质等内部缺陷导致短路，如图5-57所示。

电动汽车起火的原因有很多，主要包括：充电装置起火、动力电池起火、碰撞后引发车辆部件起火。

从对电动汽车在充电中、静置、起火三个状态分析统计可见，充电过程中起火占事故总数的23%，大部分车辆起火发生在行驶中和静置状态，如图5-58所示。

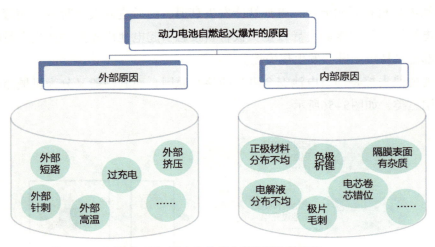

图 5-57 动力电池起火燃烧爆炸的原因

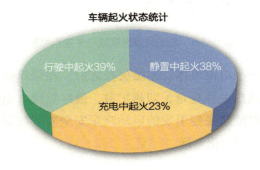

图 5-58 车辆起火时状态统计

问题 116 新能源汽车自燃概率比燃油车要大很多吗?

先说结论:电动汽车自燃的概率并不比燃油车高!

在国内,公开数据显示,传统燃油车年火灾事故率约为0.01%~0.02%,每年按照万辆单位计算约为1~2起;在新能源汽车起火率方面,在2020全球智慧出行大会上,中国工程院院士孙逢春针对新能源汽车起火这个问题进行了说明:2019年中国新能源汽车起火的概率为0.0049%,每年按照万辆单位计算约为0.5起。

再看国外,据AutoInsuranceEZ公布的调查结果显示,2020年美国汽车起火事故约为21万起,其中,燃油车超过19.9万起,混动车1.6万起,纯电动车只有52起。如果按照每10万辆汽车中发生火灾的车辆来算,燃油车为1529起,纯电动车仅有25起,起火率远低于燃油车;令人意外的是,混动车高达3474起,相当于燃油车的2倍多,这主要是因为混合动力汽车既装有高压电池,又有内燃机。具体统计见表5-8。

表5-8　2020年美国汽车起火事故统计

车型	火灾事故总量/起	火灾事故率/（起/10万辆）
燃油汽车	199533	1529.9
混动汽车	16051	3474.5
纯电动汽车	52	25.1

那么肯定有人要问了：为什么近几年发生这么多纯电动汽车自燃事故呢？其实原因也不难理解。

首先，作为一个新兴出行产品，电动汽车本身就存在较多质疑，所以每一次的电动汽车起火都格外受到关注。图5-59所示为众所周知的全球首例特斯拉 Model S Plaid 起火事故。

其次，在早期，电池包及相关的三电技术并没有现在这么成熟，生产一致性也远达不到现在的水平，所以起火的概率稍大一些，随着技术的进步，自燃事故率也在持续下降。有统计数据显示，自燃事故率从2014年的0.0063%，降至2020年的0.0049%，原因在于电池技术的进步。

值得一提的是，现在这些问题已经随着市场的规范化得到优化和改善，如果不是极其恶劣极端的情况，纯电动汽车还是比较难发生自燃的。

图 5-59　全球首例特斯拉 Model S Plaid 起火

问题117　如何降低电动汽车自燃的概率？

要想降低电池起火概率，我们得从两个方面去着手。

一方面，从产品的角度，需要从电池产品设计环节入手，包括：采用高强度钢和加强横梁，减少电池碰撞和剐蹭造成的挤压自燃；增加阻燃材料（如在壳体下方覆盖隔热阻燃棉等材质）减少外部短路；通过风冷或液冷加强电芯降温，优化电池管理系统；对电芯化学成分进行优化等。例如，比亚迪刀片电池采用的磷酸铁锂电芯就比三元锂电池有更低的活性，即便是用针进行穿刺，也能确保电池不会起火燃烧，如图5-60所示。

从三元锂电池、磷酸铁锂块状电池、比亚迪刀片电池三者的针刺对比试验来看，在被针刺之后，刀片电池具有无明火、不起烟的性能优势，如图5-61所示。

图 5-60　比亚迪刀片电池

二维码视频 5-4
三种新能源汽车动力电池针刺对比试验视频

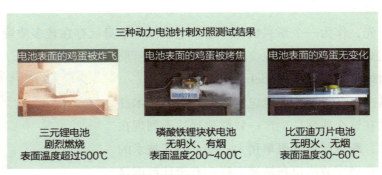

图 5-61　三种新能源汽车动力电池针刺对比试验结果

另一方面，从用车的角度，我们也可以从多个方面进行预防。例如，对电池进行定期养护，对线路等进行定期检查，充电时特别注意周边环境及充电时长，安全驾车提前预防碰撞，涉水路面尽量绕行，避免随意改装，避免长时间驾驶（一方面避免疲劳驾驶，另一方面也可以让电池降温），选择适宜的停放位置（如尽量选择阴凉干净的位置停放）等。

问题 118　电池的技术瓶颈究竟在哪？

电池的主要技术瓶颈还是在于材料方面。

对于车规级的动力电池而言，运行环境和安全属性的高要求使得可选择的电池材料并不多，同时，消费品的属性让电动汽车采用的电池成本不能太高。这也是聚合物、石墨烯等电池虽然有着更显著的容量以及充放电特性上的优势，但至今仍未能在电动汽车领域大规模使用的原因。

因此，动力电池领域的下个风口突破点还是材料，例如固态电池、锂硫电池或者是凝胶电池等，只要是能突破目前电池局限的电池类型，都有可能成为下一代电动汽车动力电池的核心，当然，前提是攻克了安全和成本这两个老大难问题。

第6章 新能源汽车驱动电机

问题119—134

问题119 新能源汽车驱动电机有哪些主要的性能指标？

电机是将电能与机械能进行相互转换的一种电力部件，在选购电动汽车的时候，我们经常会看到诸如峰值功率（或电机最大功率）、峰值转矩（或电机最大转矩）等参数，除此之外，电机还有一些其他的主要性能参数，见表6-1。

表6-1 驱动电机的主要性能指标

性能指标	定义	说明
额定功率	电机额定运行条件下轴端输出的机械功率	
峰值功率	在规定的时间内电机运行的最大输出功率，也称为电机最大功率	一般而言，电动汽车在启动后功率会逐步上升，当转速达到一定的数值后，便会趋于一个定值，此时便是电机的峰值功率
额定转速	额定电压、额定频率、额定功率条件下电机转子的输出转速	
最高工作转速	在额定电压时电机带负载运行所能达到的最高转速	
额定转矩	电机在额定功率和额定转速下的输出转矩	
峰值转矩	电机在规定的持续时间内允许输出的最大转矩，也称为电机最大转矩	一般而言，电动汽车在起步时就可以输出最大转矩（峰值转矩）这也是电动汽车加速快的原因，然后在电机转速到达一定的数值后转矩便开始逐步降低
堵转转矩	转子在所有角位堵住时所产生的最小转矩	
额定电压	电机正常工作的电压	
额定电流	电机额定运行条件下电枢绕组（或定子绕组）的线电流	
额定频率	电机额定运行条件下电枢（或定子侧）的频率	

问题120 新能源汽车的电机有哪些种类?

对于电动汽车而言,典型的驱动电机主要有直流电机、异步电机、永磁同步电机和开关磁阻电机,其性能对比见表6-2。

表6-2 四种典型驱动电机性能参数对比

参数	直流电机	异步电机	永磁同步电机	开关磁阻电机
转速范围/(r/min)	4000~6000	9000~15000	4000~10000	>15000
功率密度	低	中	高	较高
转矩性能	一般	好	好	好
功率因素(%)	—	82~85	90~93	60~65
峰值效率(%)	85~89	94~95	95~97	85~90
负荷效率(%)	80~87	90~92	85~97	78~86
过载能力(%)	200	300~500	300	300~500
电机重量	重	中	轻	轻
电机尺寸	大	中	小	小
可靠性	差	好	优良	好
控制器成本	低	高	高	一般

问题121 什么是直流电机?

直流电机是指能将直流电能转换成机械能或将机械能转换成直流电能的旋转电机,如图6-1所示。直流电机主要由定子和转子组成,运用的是通电导体在磁场中受力的电磁原理,其中,恒定磁场一般都由定子的励磁绕组在通电之后产生,随后转子便可以产生电磁矩和感应电动势,从而实现不停的运动。

图6-1 直流电机

直流电机的定子包括电机底座、磁极和外壳等直接连接在固定地面或支架上不产生运动的零件，而转子上一般则会缠绕很多线圈并进行通电，所以又被称为电枢。电枢通过两端的轴承固定在定子底座上，它的一端连接转轴，用以输出转矩，另一端与换向器进行连接，其内部结构如图6-2所示。

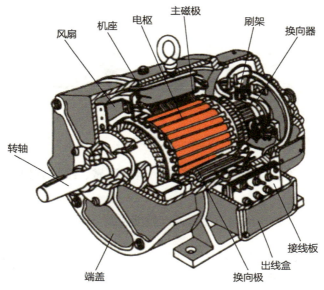

图6-2 直流电机结构组成

按励磁方式来分类的话，直流电机可分为永磁、他励和自励三类，其中自励又分为并励、串励和复励三种。由于直流电机有着结构简单、体积紧凑、造价低廉等优势，在许多小型电器（如遥控玩具车、航模等）中得到广泛应用。在电动汽车发展的早期，大部分电动汽车都采用直流电机作为驱动电机，但是，由于换向的过程中会产生电火花，容易造成换向器的电腐蚀以及其他的影响，并且转速越高问题就越严重，因此，新一代的纯电动汽车已经逐渐不再使用直流电机了。

优点：调速性能良好、成本低、易控制。

缺点：结构复杂、转速低、体积大、维护频繁。

问题122 什么是异步电机？

异步电机又称为异步感应电机，其定子绕组在加对称电压后会产生一个旋转气隙磁场，转子绕组导体切割该磁场产生感应电势，转子电流与气隙磁场相互作用就产生电磁转矩，从而驱动转子旋转，实现电能与机械能相互转换。异步感应电机是一种交流电机，其中的"感应"二字，代表磁场由励磁线圈产生，"异步"二字指的则是磁场旋转速度与转子速度存在速度差，如图6-3所示。其中，电机的转速一定要低于磁场同步转速，只有这样转子导体才可以被"牵着走"，形成感应电势并产生转子电流和电磁转矩。另外励磁线圈的存在使感应电机质量和体积更大。

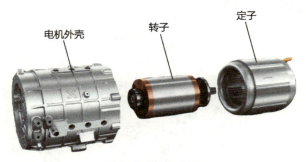

图6-3　异步电机

优点：结构简单、制造容易、价格低廉、运行可靠、维护方便、坚固耐用、稳定性好等。

缺点：体积较大、高效率区间不广、调速性能较差、需要匹配更强大的电控系统等。

> **拓展阅读**　在新能源汽车领域，欧洲和美国多采用异步感应电机，原因如下：①欧洲及美国的稀土资源匮乏，而异步感应电机采用的大都是常规材料，在成本上比永磁同步电机可以低一些；②异步感应电机峰值功率比永磁同步电机高出许多，可以带来更强大的性能，与以特斯拉为代表的欧美新能源汽车主打的运动属性匹配度高；③异步感应电机控制算法更为复杂，这刚好是以特斯拉为代表的欧美新能源汽车的强项。图6-4所示为搭载了异步电机的特斯拉产品。

图6-4　搭载异步电机的特斯拉产品

问题123　什么是永磁同步电机？

永磁同步电机中的"永磁"二字代表着磁场产生由永磁体产生，"同步"二字指的是旋转磁场的速度和转子的速度是一致的，也是一种交流电机，如图6-5所示。

图 6-5 永磁同步电机

永磁同步电机和交流异步电机最大的区别是：永磁同步电机把转子导体中的多组线圈组成的导体换成了永磁体，因而产生转矩的磁场一直存在，由于没有了励磁的电流分量，所以永磁同步电机效率更高，并且，由于只需要控制定子线圈电流，因而电机控制算法更为简单，可以节省大量的开发时间及开发成本。另外，没有励磁线圈可以让电机外壳尺寸可以做得更小，能量密度更高。

但相对脆弱的永磁体让永磁同步电机寿命受制于多种因素，简单说就是不耐用，同时稀土资源的价格使其成本比异步电机高一些。

优点：结构简单（没有直流电机的换向器和电刷）、体积小（没有励磁线圈）、重量轻、损耗小（不需要无功励磁电流）、效率高，具有较高的功率密度与转矩密度。

缺点：永磁材料在受到振动、高温和过载电流作用时，其导磁性能可能会下降从而发生退磁现象，有可能降低永磁电动机的性能，高速场景有弱磁现象，峰值功率受限，另外，相比其他电机而言，永磁同步电机的制造成本偏高一些。

> **拓展阅读** 大部分中国品牌新能源汽车使用的都是永磁同步电机，原因便在于我国稀土资源比较丰富，永磁体的产量有所保证，同时，中国品牌新能源汽车大多主打经济实用，并不追求极致的性能，永磁同步电机的高效率和低重量与实际的用车需求吻合度更高。

问题 124 什么是开关磁阻电机？

开关磁阻电机是一种诞生于20世纪80年代的新型调速电机，它的定子、转子均为普通硅钢片叠压而成的双凸极结构，转子上没有绕组，定子装有简单的集中绕组，与传统的交、直流电机有很大的区别。它不依靠定、转子绕组电流所产生磁场的相互作用而产生转矩，而是依靠"磁阻最小原理"产生转矩（磁通总是沿着磁阻最小的路径闭合，从而产生磁拉力，进而形成磁阻性质的电磁转矩，以及磁力线具有力图缩短磁通路径以减小磁阻和增大磁导的本性）。如图6-6所示，开关磁阻电机结构最为简单，具有直流调速系统可控性好的优良特性，同时适用于恶劣环境。

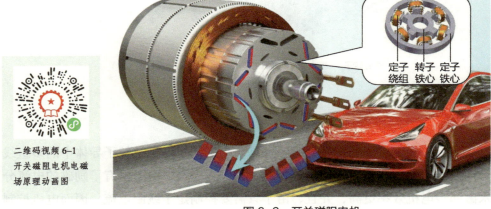

图6-6　开关磁阻电机

优点：结构简单、散热条件好、可靠性高、易于调速、可频繁启停和正反转、不使用稀土材料。

缺点：噪声与振动偏大、输出转矩波动大、控制比较复杂。

> **拓展阅读** 开关磁阻电机目前在大型客车和货车上已有一定的使用，在电动乘用车领域并未得到广泛应用，但因其优良特性，未来有望成为新能源汽车电机的一个新方向。

问题125　什么是轮毂电机？

轮毂电机是指驱动系统被安装在车轮的轮毂上用于直接驱动车轮的电机，可以简单理解为将驱动、传动和制动系统全部安置在车轮轮毂内，电机转子本身就是轮毂，可以直接驱动车轮转动，又被称为轮内电机，如图6-7所示。它的原理和传统的电机并无本质的区别，只是在结构上更为紧凑。

在当下，新能源汽车的主流方式是从布置于前轮或后轮中间的电机经由传动轴来向车轮传递驱动力，而轮毂电机则可以直接驱动车辆的每一个驱动轮，不仅可以更节省空间，而且驱动形式上也可以有更具灵活性，如图6-8所示。

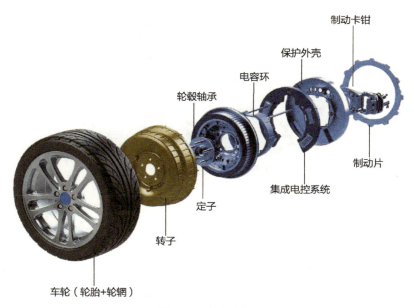

图 6-7 轮毂电机

图 6-8 搭载轮毂电机的纯电动汽车

优点：车辆结构更简单、响应速度更快、转矩控制精度更高、传递过程中的效率更高；可提供驱动和制动转矩、可独立进行转矩控制；转向更为灵活、可实现四轮同时转向；此外，由于取消了传动机构，乘员舱内部的空间可以进一步增大。

缺点：簧下质量和轮毂的转动惯量大，影响车辆操控；制动时电机热量大，对散热性能要求高；电机的输出转矩存在一定的波动，这个波动会直接传递到轮胎，使得轮胎也产生波动，影响轮胎的接地性能，进而影响整车性能。

【拓展阅读】早在100多年的1900年的巴黎世博会上，保时捷汽车的缔造者费迪南德·保时捷，就曾展示了一辆搭载轮毂电机的纯电动汽车：Lohner-Porsche，如图6-9所示。

图 6-9 搭载轮毂电机的 Lohner-Porsche

问题 126 什么是轮边电机?

轮边电机是指轮毂和电机是独立状态、电机装在车轮边上以单独驱动该车轮。此时,电机不是集成在车轮内,而是通过电机输出轴连接到车轮,这也是轮边电机和轮毂电机的最大差异点,如图6-10所示。

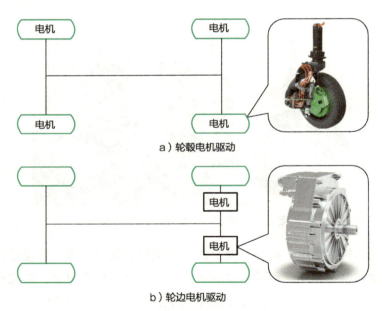

a) 轮毂电机驱动

b) 轮边电机驱动

图 6-10 轮毂电机驱动和轮边电机驱动方式示意图

问题 127 电机一般安装在车上的什么位置?

相比较传统内燃机而言,电机的尺寸和重量都要小很多,因而布置位置也会灵活很多。按照驱动形式来分,前驱车型的电机一般布置在两个前轮中间,后驱车型的电机一般布置在两个后轮中间，四驱车型的两个电机，一个布置在两个前轮之间，另一个布置在两个后轮之间。

但也有例外，比如奥迪e-tron S便搭载有三个电机，其中，一个布置在两个前轮之间，另外两个布置在两个后轮之间，如图6-11所示。

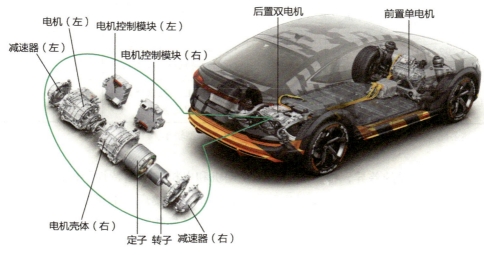

图6-11 三电机布局纯电动汽车（奥迪e-tron S）

问题128 为什么电机的起步速度非常快？

电机的起步速度非常快，主要便是因为电机在刚起步低转速时便可以获得高转矩，而之所以有这样的转矩特性，是因为电机的定子和转子之间，两者都是相互独立的，没有任何的物理接触，当转子感受到磁场旋转时，内部是没有受到阻力的，可以很快地达到最大转矩。这就有点像磁悬浮列车和普通列车的对比，磁悬浮列车与导轨是不接触的，可以很快地达到我们想要的速度，而普通列车是通过轮子与导轨相接触，起步时需要先克服轮子和导轨的摩擦力，然后再进一步加速才能到达我们想要的速度。

问题129 为什么新能源汽车加速性可以秒杀燃油车？

众所周知，电动汽车的优势之一，便是加速性。相信许多燃油汽车的车主都有过这样的经历，在红灯变绿灯起步的阶段，自己的燃油车才刚开始起步，旁边车道的电动汽车早已离去只剩下了尾灯。这便是电动汽车加速性在日常生活的体现，从实际车型的对比参数来看，电动汽车的0—100km/h的加速时间都远胜于同级别的燃油车，见表6-3。

表 6-3 同级别电动汽车与燃油车的 0—100km/h 加速对比

电动阵营			燃油阵营		
车型	指导价/万元	0—100km/h 加速时间/s	车型	指导价/万元	0—100km/h 加速时间/s
特斯拉 Model S 2021款三电机全轮驱动 Plaid版	106	3.2	奔驰E级2022款改款 E300 L 尊贵型	54.42	6.9
比亚迪汉2022款DM-p 202KM四驱旗舰型	32.28	3.7	宝马5系2022款改款 530Li行政型M运动套装	55.19	6.9
智己L7 2022款Pro版	40.88	3.87	奥迪A6L 2022款55TFSI quattro旗舰动感型	65.5	5.6

注：上述各配置均为车型旗下的顶配车型，车型级别均为中大型轿车。

之所以出现这样的差异，根本原因还是发动机和电机的输出特性不同。图6-12所示为传统燃油发动机与电机特性曲线对比示意图，从中不难发现，电机具有内燃机所不具备的两大特性：一是电机在低速运转时能够输出不变的转矩；二是电机在高速运转时能够输出不变的功率。

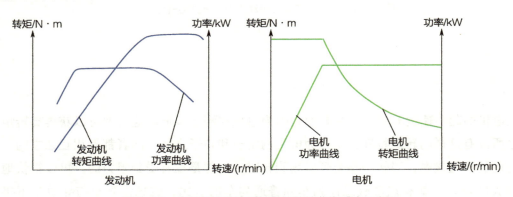

图6-12 传统燃油发动机与电机特性曲线对比示意图

具体来看，加速效果与输出转矩和输出功率都有关系，其中，转矩决定加速效果，功率决定速度结果。

对于传统燃油发动机而言，由于其在低转速区域先天就转矩不足，所以在起步阶段的转矩和功率都不高。随着转速的上升，发动机的转矩和功率几乎成正比逐步上升，当转速达到一定的程度时，输出转矩会达到最大值并在随后的一定区间内保持恒定输出，只有当转速进一步升高到很高时转矩才会出现衰减。

而对于电机而言，在起步阶段就可以输出最大的起动转矩，随着转速在一定范围内的上升，转矩依然可以维持最大状态不变，而此时功率则与转速成正比逐步上升，当转速上升到一定程度时，电机的转矩开始逐步下降，此时电机的功率则达到最大值并维持恒定输出。

也就是说，内燃机从静止状态起步的加速确实没有电机快，电机可以获得从起步开始之后一段时间内的领先优势，但是，只要让这个过程持续一定的时间和距离，最终获胜的依然是内燃机。

有人举过一个非常形象的例子：内燃机就像是一位马拉松运动员，在发令枪响的一瞬间爆发力并不会很强，但是随着时间的推移他会逐步进入最佳状态并保持较长的时间；而电机就像是一位百米短跑运动员，在发令枪响之后的短时间内，有着非常强大的爆发力，但是这个时间并不会持续很长，所以他也只能在短跑项目中有一定的优势。

问题130 新能源汽车加速为什么会有"口哨声"？

所谓的"口哨声"，其实指的是某些新能源汽车在跑起来之后在车辆底部传出的声音，车速越快，声音会越响亮，在专业领域称之为"高频啸叫"，而电机谐波则是产生啸叫的关键原因。

在电机运行时，气隙中存在基波磁场和一系列谐波磁场，这些磁场相互作用会产生切向力，除了产生切向电磁转矩以外，还会产生随着时间和空间变化的径向力，当幅值较大的低频率径向力波与电机的固有振动频率重合时，就会产生较大分贝的高频噪声。

对于"口哨声"的解决方法一般有两个：一是调整电机本身的硬件设计，让电机正常运行区间避开啸叫区间；二是增加NVH隔声材料。当然，随着使用年限的增加，隔声材料能起到的作用也会递减，因此，从电机软硬件设计上解决电机啸叫才是最佳方案。

问题131 什么是电机减速器？

电机减速器是一种以封闭在刚性壳体内的齿轮传动机构为核心的零件，作为电机和车轮之间的减速传动装置，目的是将电机的转速调整为期望的转速，同时得到期望的转矩，如图6-13所示。

从理论上讲，新能源汽车的电机，即便是没有减速器，也可以驱动车轮转动，但会存在以下问题。

一方面，开过车的人都知道，车在高速公路上车速达到100km/h的时候，车轮的转速一般在1000~2000r/min，而普通家用电动汽车的电机，一般的转速为10000~15000r/min，如果电机输出轴直接连上

图6-13 电机减速器

车轮,那就意味着车轮的转速也是10000~15000r/min,这是什么概念?这就意味着车子的理论速度可以到1000km/h左右,这显然是不可能的,既不合理,也无法实现。

另一方面,普通家用电动汽车的电机最大转矩为250~350N·m,如果没有减速器,车轮的加速能力和爬坡能力会非常弱,唯有增加减速器来增大转矩,才能提升轮上转矩,让车辆适应更多的用车场景。有人会问,没有大转矩的电机吗?市面上确实有大转矩的电机,但是价格高、尺寸大,用在电动汽车上成本就上去了。

此外减速器还有一个目的,那便是保护电机。试想,如果将电机直接连接车轮去驱动车辆的话,那么当车辆行驶时,电机的负荷是非常大的,这样对电机的损伤也很大。而经过减速器就不一样的了,比如减速比为1∶100的减速器(电机输出的转速为减速器输出转速的100倍),其运转时传递到电机的负荷就只有1/100了,减速器坏了只要更换下齿轮就好,成本相对电机来说会低很多。

> **拓展阅读** 按照传动类型的不同,减速器可分为齿轮减速器、蜗轮蜗杆减速器和行星齿轮减速器,大部分纯电动汽车上的电机减速器都是齿轮减速器。

问题132 新能源汽车电机减速器和燃油车变速器有何区别?

新能源汽车的电机减速器和燃油车变速器的最大区别便在于传动级数。一般而言,电机减速器是单级或二级,而燃油车变速器则有4、5、6、8、9、10甚至更多档位。两者对比如图6-14所示。

a)新能源汽车减速器　　　　b)燃油车变速器

图6-14　新能源汽车减速器与燃油车变速器对比图

造成差异的主要原因便是电机的特性与内燃机不同，驱动电机一般具有低速恒转矩和高速恒功率的特性，在低转速下就能产生很大的转矩，不像以内燃机为动力源的燃油车需要多级的传统机构来减速增矩以顺利起步。这和许多变速自行车的原理是一样的。

大部分新能源汽车匹配单级减速器时，就可以达到传统燃油车的性能，但采用单级减速器时，纯电动汽车的动力性能完全取决于驱动电机，当电动汽车的速度到达极限之后速度便会受到制约，高速经济性也不高，这也是大部分新能源汽车尤其是纯电动汽车的最高车速通常都比同级的燃油车要低很多的原因之一。当然，根据最新的试验数据，二档自动变速器相较于固定速比的单级减速器效率更高，在未来的纯电动汽车领域将会得到广泛的应用。

问题133 为什么新能源汽车的最高车速往往比不过燃油车？

纵观市面上的新能源汽车尤其是纯电动汽车便会发现一个问题，对于同级别的车型，新能源汽车的最高车速往往要低于燃油车，见表6-4。于是，很多人便有了新能源汽车的最高车速不如燃油车的定论。

表6-4 同级别新能源汽车与燃油车的最高车速对比

电动阵营			燃油阵营		
车型	指导价/万元	最高车速/(km·h)	车型	指导价/万元	最高车速/(km·h)
宝马i3 2022款eDrive 35L	34.99	180	宝马3系 2022款330Li xDrive M运动曜夜套装	39.89	250
奥迪e-tron 2021款50 quattro尊享型	64.88	187	奥迪Q7 2022款55 TFSI quattro S line 尊贵型	86.98	250
凯迪拉克LYRIQ 2022款后驱长续航豪华版	43.97	190	凯迪拉克XT6 2022款2.0T六座四驱铂金型	55.27	210

注：上述各配置均为车型旗下的顶配车型，参与对比的车型两两均为同一级别。

但这并不是因为做不到，而是大部分纯电动汽车都没有去做。当然，也有例外，保时捷2022款Taycan Turbo S的最高车速便达到了260km/h，并不逊色于燃油车。

大部分电动汽车的最高车速都停留在180km/h左右的主要原因，其实是车企在性能和实用性方面做了取舍。

相信大多数人都知道，一辆车的极速很多时候取决于变速器，变速器档位越多，理论上的极速就有机会做到更高，而在当下，大部分纯电动车型配备的都是单一速比的减速器，自然极速就上不去了。

假设车企给纯电动汽车的电机配备多级变速器，又会带来以下多方面的负面影响：

1）成本增加，其主要原因变速器的结构变得复杂了。反之，如果变速器结构简单一些的话，不仅可以降低变速器的成本，还可以减轻变速系统的重量，若是电动汽车的整备质量减轻10%的话，可使汽车的续驶里程提高5.5%。

2）即便是达到了这样的极速，也无法持续较长的时间，因为电机虽然有短期内输出大功率的能力，但如果在极速情况下进行长时间的大功率输出，电机的过热、电池包的过热等都会是更大的难题。

3）即便是上述问题解决了，电动汽车可以在极速情况下进行长时间的行驶，但维持极速、电机散热、电池包散热等导致的巨大的电耗将会使得电池包的能量很快耗尽，现实意义也不大。

所以我们可以得出的结论是：电动汽车的最高车速不如燃油车，不是因为比不过，而是不想比。实际上，无论是加速潜力还是极速潜力，电动汽车都要比燃油车大得多。

问题134　"地板油"会对电机造成寿命衰减吗？

"地板油"可能会对电机寿命造成影响，当然，这和电机的类型有比较大的关系。

对永磁同步电机来说，这样操作确实会造成其寿命的衰减。在大电流、大转矩工况下，永磁同步电机的永磁体会受到更大的反向磁场，导致永磁体的磁性衰减，简称"退磁"；另外，大电流带来的温度的急剧升高也会造成相同的后果。考虑到永磁体的退磁是不可逆的，单纯对电机拆解维修的话，成本高昂而且不太现实，所以，要想延长永磁同步电机寿命，最好降低"地板油"出现的频率。

而异步电机就不存在这个问题，因为它的磁场是由励磁线圈产生。但是，考虑到励磁电机本就稍高的能耗，如果经常"地板油"，会导致电池包内部的高压大电流继电器寿命的衰减。

综合来说，异步励磁电机比永磁电机更耐用一些，但仍然建议用户平顺驾驶，尽量不要"地板油"。

问题 135—166

第 7 章
新能源汽车关键技术

问题 135　什么是新能源汽车的"三电"系统？

对于新能源汽车而言，最核心的技术便是电池系统、电驱系统、电控系统，这三个核心系统就是所谓的"三电"系统，如图7-1所示。

图 7-1　电动汽车"三电"系统

其中，电池负责存储能量，单位用 W·h 来表示，1000 W·h 就是 1kW·h；电驱系统就像是燃油车上的动力系统，主要参数是功率和转矩，分别用 kW 和 N·m 来表示；电控便是电动汽车的控制中心，分别控制整车、电机和电池，对应的控制器分别是整车控制器（Vehicle Control Unit，VCU）、电机控制器（Motor Control Unit，MCU）和电池管理系统（Battery Management System，BMS），如图7-2所示。

图 7-2　电动汽车"三电"系统实物图

有统计数据显示，电池系统、电驱系统、电控系统占据整车50%左右的成本，其中电池又占据了一大半，三者对电动汽车产品的最终性能表现影响都很大，也是当下消费者购买电动汽车愈发关注的地方。

问题136 什么是电池系统？

在一辆电动汽车上，一般除了给电机供电用以驱动车辆的电池之外，还会有一块或者两块低压电池，为了加以区分，通常前者被称为动力电池，也叫做高压电池。电动汽车的电池系统针对的便是高压电池部分，其主要由以下几个部分组成：电池模组（有些车的电池包直接由电芯组成）、电池包壳体、高压电池控制单元、冷却系统、高低压线束等。图7-3所示为奥迪e-tron GT quatrro的电池系统。

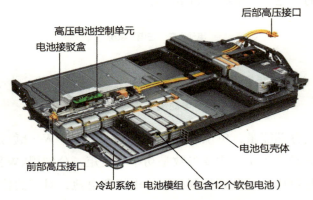

图 7-3 奥迪 e-tron GT quatrro 电池系统

问题137 什么是电驱系统？

电驱系统由3个部分构成：驱动电机、电机控制器和电机减速器，如图7-4所示。

图 7-4 纯电动汽车电驱系统构成

纯电动汽车的电机有交流异步电机和永磁同步电机等多种类型，每个电机都可以正转和反转，正转为前进，反转为倒车；电机控制器是控制电机按照设定的方向、速度、响应时间进行工作的集成控制器；电机减速器的作用可以类比为传统燃油车的变速器。

目前国内外大部分电动汽车的传动机构都是单级减速器，也就不需要离合器，也不需要变速，这也是为什么电动汽车不会有D1、D2、D3甚至D4、D5、D6这样的档位。这样的设计可以在满足性能的前提下，降低集成复杂度，同时也降低成本。

问题138　什么是"电驱三合一"？

所谓电驱三合一，指的是驱动电机、电机控制器和电机减速器三者合为一体的集成式设计，如图7-5所示。这一设计可以减少部件间的复杂连接、减少线束的数量，从而让整体的结构更加紧凑、体积更小、重量更轻，成本也得到大幅度的降低。从当前主流的电驱产品来看，未来的电驱系统必将是集成式替换分体式。

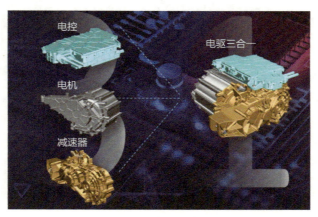

图7-5　电驱三合一

以比亚迪e平台某款车型为例，采用了电驱三合一的设计方式后，驱动电机与电机控制器采用直连的方式，省去了三相线束，共用冷却系统，成本降低了33%，体积减小了30%，重量也减轻了25%，功率密度增加20%，NEDC效率提升1%，转矩密度增加17%，如图7-6所示。

图7-6　比亚迪三合一电驱系统实物图

问题139　什么是"电驱四合一"？

"电驱四合一"其实就是在"电驱三合一"的基础上增加一个电机，如图7-7所示，广汽新能源高性能两档双电机"四合一集成电驱"，实现了双电机、控制器和两档变速器的深度集成，可以带来340kW的强劲动力，综合驱动效率达到90%，功率提升13%，体积减小30%，重量减轻25%。

图7-7　广汽新能源高性能两档双电机"四合一集成电驱"

问题140　什么是电控系统？

新能源汽车的电控系统包括：整车控制器（VCU）、电机控制器（MCU）和电池管理系统（BMS）等。这些控制器之间通过CAN总线进行通信，主要用来控制整车上动力的传输、存储、回收、分配等，如图7-8所示。说得直白点，就是负责管理车辆需要多少动力、怎么节省电量等。有人打过这样的比方，电池就像是一块好的食材，想把它做出最好的味道就需要有高超的厨艺，而电控系统就是那位"厨子"。

1）整车控制器：主要负责对接整车相关的信息，比如加速踏板、制动踏板、档位信息等各种信号，并做出相应判断并发出指令，当然，在电动汽车上它还要协调各个控制器的通信。

2）电机控制器：从字面来理解便是用来控制电机的，具体来看，它主要接收整车控制器的输入信息，然后进而控制驱动电机的转动速度和转动方向，当然，它还负责在能量回收的过程中将驱动电机产生的能量进行回收并输入至电池包。

3）电池管理系统：负责管理电动汽车上电池包里每一个细节的工作状态，主要功能是实时监测电池物理参数、在线诊断与预警、充放电与预充控制、均衡管理和热管理

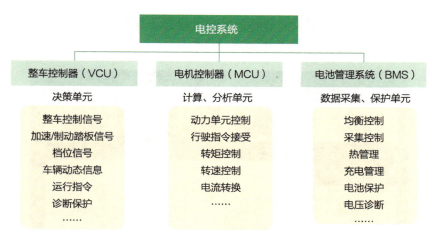

图 7-8　电动汽车电控系统构成

等,包括温度管理、绝缘管理、充电负载平衡、电芯之间的平衡、电芯的衰减率、电芯的故障情况等,关乎着整个电池包的寿命。

问题 141　什么是"高压三合一"?

所谓高压三合一,指的是车载充电机(OBC)、直流/直流变换器(DC/DC)以及高压配电箱(PDU)三者合为一体的设计,如图7-9所示。这一设计可以从结构、控制和功率布局等方位进行高度集成,提升可靠性和安全性。

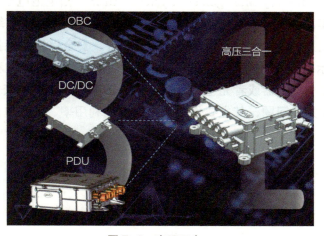

图 7-9　高压三合一

不论是哪种形式的"多合一",高度集成化都是当下的主流优势,一方面可以减小这些部件所占空间,同时还能在此基础上减少金属外壳重量的占比,轻量化属性更强,所以,搭载三合一的车型往往可以拥有更长的轴距,座舱空间占比更高。另外轻量化可以带来更低的百公里电耗，对节能和延长续驶里程都是有利因素。图7-10所示的比亚迪"33111"高集成化系统设计便是其中的典型代表。

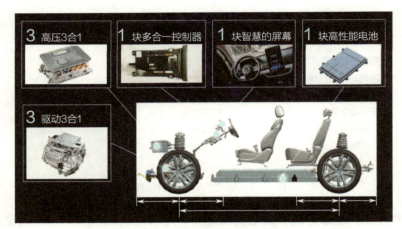

图7-10　比亚迪"33111"高集成化系统设计

拓展阅读　新能源汽车还有"三小电"这一叫法，指的是车载充电机（On Board Charger，OBC）、直流/直流变换器（DC/DC converter）、高压配电箱（Power Distribution Unit，PDU）。

问题142　什么是电池管理系统？

电池管理系统（Battery Management System，BMS）由电池电子部件和电池控制单元组成，是连接车载动力电池和电动汽车的重要纽带，并使电池始终都工作在最佳状态。其主要功能包括5个方面：状态监测、状态分析、安全保护、能量控制、信息管理等，如图7-11所示。BMS用于实时采集、处理、存储电池组运行过程中的重要信息，并与外部设备如整车控制器或者充电机交换信息，解决电池系统中安全性、可用性、易用性、使用寿命等关键问题，其主要作用是提高电池利用率、防止电池过度充电、防止

```
                        电池管理系统
    ┌──────┬──────┬──────┬──────┬──────┐
    状态监测  状态分析  安全保护  能量控制  信息管理
    温度监测  荷电状态评估  过流保护  充电控制  历史信息存储
    电池电流监测 剩余电量评估  过充保护  放电控制  内外信息交互
    电池电压监测 老化程度评估  过放保护  均衡控制  电池信息显示
    高压互锁监测 均衡状态评估  过温保护  电池包热管理  ……
    绝缘情况监测 ……         ……      ……
    ……
```

图7-11　电池管理系统的功能

电池过度放电、监控电池的状态、延长电池使用寿命。简单来说，它就是一套管理、控制、使用电池组的系统。

对于一辆电动汽车而言，电池寿命与电源管理技术息息相关，技术越强，电池寿命越长，如图7-12所示。

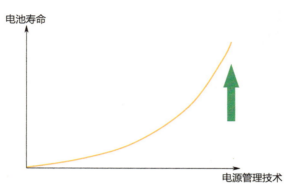

图7-12　电池寿命与电源管理技术的关系

对于电池系统而言，电池管理系统对于单一电芯进行监控和管理的意义非常重大，只要有一个小小的电芯出现过充、过放或其他问题，很快就将波及其他电芯甚至会殃及整个电池包，这与"一个木桶装水的能力由最短的那块木板决定"道理是一样的，电池包整体性能也是由最差的那个电芯决定。

值得一说的是，在当下，也有部分车企开发了专属的远程动力电池数据分析及管理技术——云BMS，通过对车辆BMS和用户的驾驶习惯两方面的大数据信息的分析和计算，在电池整个生命周期更有效地保证用车安全。举个例子，它可以从充放电倍率、深度和环境因素等多维度建立了一套电池健康评价体系，并基于用户的使用习惯，向用户提供更好的电池系统维护和保养建议，从而达到延长电池系统使用寿命的目的。

拓展阅读　目前，还有车企搭载了可以实现无线连接的电池管理系统，从而可以优化电池包90%左右的线束，在降本减重的同时还能增加体积能量密度，提升续驶里程，带来更低的故障率。图7-13所示为凯迪拉克LYRIQ搭载的可实现无线连接的电池管理系统。

图7-13　凯迪拉克LYRIQ搭载的可实现无线连接的电池管理系统

二维码视频7-1
凯迪拉克LYRIQ搭载的可实现无线连接的电池管理系统

问题143 锂电池的最佳工作温度区间是多少?

对于锂离子动力电池而言,"最佳工作温度区间"这个概念会比较笼统,或许我们从电池包的加热和冷却保护机制来推测会更为合理一些。一般而言,许多车企在电池包标定的时候,针对电池包加热,通常会设置在低于5℃时就开始为电池包加热,加热到15℃时停止加热;而针对电池包冷却,一般是在45℃开始,降到35℃时停止散热,从这个角度而言,一般电池包工作在15~35℃会是比较好的工作温度区间,如图7-14所示。当然,由于不同厂家的标定策略不同,所以这个值也不尽相同。

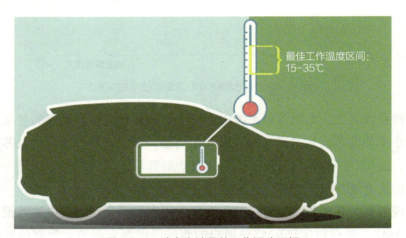

图7-14 动力电池最佳工作温度区间

问题144 电池包是如何做到不畏酷暑不惧严寒的?

对于锂电池而言,最佳工作温度是15~35℃,无论是温度过高还是温度过低,对于电动汽车而言,续驶里程都会打折。尤其是温度太低时,电动汽车掉电快,这就像我们冬天用手机时手机会被冻关机一样,如图7-15所示。

在我国,北方冬天会到-20℃以下,而新疆吐鲁番区域最热时则会到50℃以上,人如果觉得冷,可以多加衣服甚至开空调制热,如果觉得热,可以脱衣服甚至开空调制冷,但电池包没办法穿衣服,也没办法脱衣服,因此,要想让电动汽车在这些地方可以正常工作,那便需要给电池包"配个空调",将电池包的温度稳定起来,这便是电池包的热管理技术。它主要需要满足三个功能:冷却、加热和温度均衡。通俗来讲就是:天热的时候给电池包降温;天冷的时候给电池包加热;此外,在任何时候都尽量保证电池包内部所有电芯温度的一致性。

图 7-15 不同气温下纯电动汽车续驶里程长短示意图

以 MG EZS 为例，这款车的电池包搭载有智能电池温控管理系统、水冷系统和电加热系统，确保电池在极限温度下也能正常工作，始终发挥电池系统的最佳性能，如图 7-16 所示。

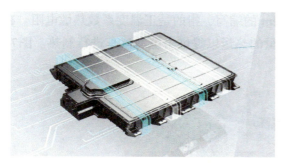

图 7-16 MG EZS 搭载的智能电池温控管理系统

二维码视频 7-2　某纯电动汽车电池包加热动画示意

二维码视频 7-3　某纯电动汽车电池包散热动画示意

问题 145　什么是冷却器（Chiller）？

冷却器（Chiller）是电动汽车电池热管理中的一个重要部件，它一般由一个换热器主体、一个外部蒸发器、两个冷却液管（一进一出）、两个制冷剂管（一进一出）组成。冷却液管内部流动的是动力电池的冷却液，制冷剂管内流动的是空调系统的制冷剂，我们可以粗暴地把换热器主体理解为千层饼，奇数层内流动的为冷却液，偶数层内流动的为制冷剂，两者在流动中进行热量的交换，最终，制冷剂会把冷却液中的热量带走，从而达到给电池降温的作用，如图 7-17 所示。

二维码视频7-4
冷却器Chiller三维动画

制冷剂管口
冷却液管口
换热器主体

图7-17 冷却器（Chiller）示意图

问题146 什么是PTC加热器？

PTC是Positive Temperature Coefficient的缩写，指的是正温度系数热敏电阻。在电动汽车上，PTC加热器在通电之后产生大量的热量以提供给电动汽车进行制热。图7-18所示为大众e-Golf的PTC加热器。

图7-18 大众e-Golf PTC加热器

问题147 什么是热泵技术？

热泵的英文为Heat Pump，是通过蒸汽压缩式循环将外界的热量搬入目标环境内，对新能源汽车而言就是把外界低温环境中的热量"泵"到相对高温的车内去，如同一台"热量泵"，如图7-19所示。在日常生活中，家用的空气能热水器运用的便是热泵原理。

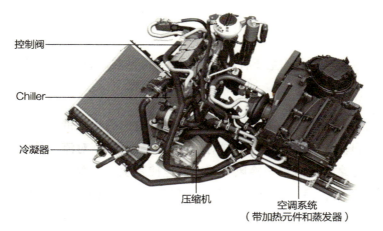

图 7-19 奥迪 R8 e-tron 纯电动版热泵空调系统

热泵就像是个搬运工，在天热的时候，把车内的热量往车外搬，在天冷的时候，把车外的热量往车内搬，当然，来来回回搬运肯定就要消耗力气，就需要吃饭，在电动汽车上，热泵同样需要消耗掉一些电量，但与此同时它可以搬运更多的热量。热泵系统的最大优势便在于节能，其最终将体现在电动汽车的续驶里程上，有测试数据显示，低功耗热泵空调技术的冬季采暖能耗较PTC节能约30%~50%。图7-20所示为雷诺Zoe热泵技术原理简图。目前而言，车用热泵已经成为了电动汽车的研究热点之一。

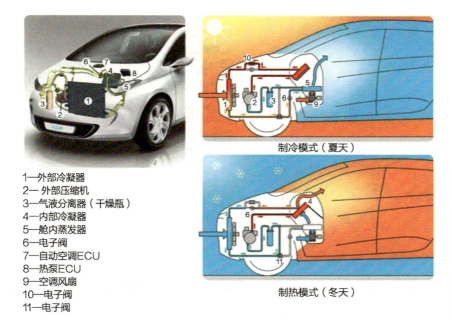

1—外部冷凝器
2—外部压缩机
3—气液分离器（干燥瓶）
4—内部冷凝器
5—舱内蒸发器
6—电子阀
7—自动空调ECU
8—热泵ECU
9—空调风扇
10—电子阀
11—电子阀

图 7-20 雷诺 Zoe 热泵技术原理简图

问题148 动力电池是怎么散热的？

高温下动力电池的散热方式主要有风冷散热、液冷散热和直冷散热三种。

（1）风冷散热

风冷散热指的是利用风扇并以空气作为载体将电池包的热量带走以达到散热目的的一种方式，又分为自然对流、自然风强制对流、空调冷风强制对流。其中，空调冷风强制对流简单理解就是拿着大风扇把冷风对着电池包使劲吹进行散热。具体来说，是在电池包一端加装散热风扇，另一端留出通风孔，风扇加速空气在电芯的缝隙间的流动速度，从而带走电池工作时产生的高热量。其中，从环境中引来自然风进入风道称为被动风冷，通过热交换把自然风降温后再引入风道称为主动风冷。主动风冷如图7-21所示，专为动力电池冷却用的鼓风机驱动空气通过空调制冷系统的蒸发器后变成了冷风，再去冷却动力电池。这就像是刚倒到杯子里的开水，无法下嘴，于是就使劲对它吹风一般，多吹几口风，杯子里的水就凉得快。

这种方式成本比较低，但由于空气的比热容小，所以这种方式能带走的热量也比较少，冷却均匀性难以得到保障，一般适用于电池包容量较小、续驶里程较短、整车重量较轻的车型，如广汽丰田C-HR EV、欧拉黑猫采用的便是风冷散热的方案。

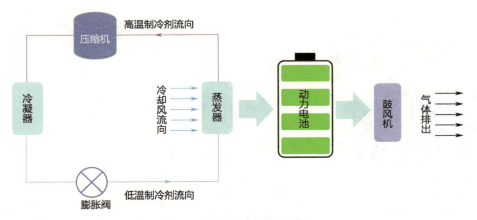

图 7-21 风冷结构散热原理

（2）液冷散热

液冷散热指的是利用液冷介质的对流来对电池包系统进行循环降温的一种方式。这种方式需要在整车空调系统上增加中间换热器（Chiller），在Chiller内部，空调系统内的制冷剂和给动力电池散热的冷却液（一般是水和乙二醇混合溶液）会进行热交换，其中，冷却液在将热量传递给制冷剂之后变成低温冷却液流入动力电池内部并自由循环流动将热量带走（热量最终被传递给了整车空调系统进行循环利用或者排散到环境中去），从而对电池进行冷却，其原理如图7-22a所示。

液冷散热涉及的核心部件包括压缩机、Chiller和水泵，其中水泵则决定了管路内冷却液的流速，流速越快换热性能就会越好。这就像是刚倒到杯子里的开水，无法下嘴，于是把水杯放到冷水水龙头下冲，水龙头的冷水流速越快、流量越大，带走的热量就会越多，水杯里的水就凉得越快。冷却液具有较大的比热容，可以有效吸收电池工作时产生的热量。如果采用的液冷介质可以直接和电芯表面接触进行循环，则称之为直接接触式液冷散热；如果采用的液冷介质不可以直接和电芯表面接触而是需要额外通过金属容器和电芯进行间接接触来进行循环降温的话，则称之为间接接触式液冷散热。液冷散热主要针对大容量的动力电池，典型代表车型有特斯拉Model 3、小鹏G3等。

而为了进一步提升续驶里程，已经有部分新能源汽车为电池包采用了如图7-22b所示的液冷散热优化方案。在常规场景下，动力电池内部的高温冷却液可以直接进入车辆前部的散热器进行散热，在达到动力电池散热效果的同时，可以减少压缩机的工作时间，提升续驶里程；而在温度较高的情况下，如夏天天气太炎热，此时便会启动压缩机进行制冷，动力电池内的冷却液的流向是通过热管理控制器控制的电磁阀来决定的。

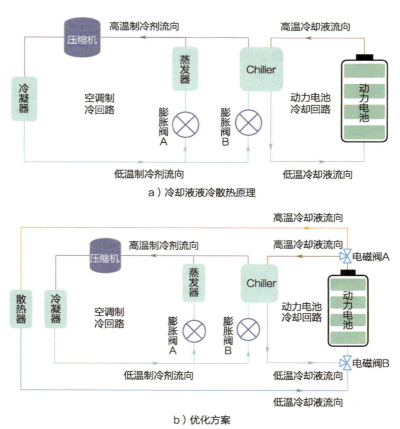

图 7-22 冷却液液冷散热

(3) 直冷散热

直冷散热是直接使用空调系统中的制冷剂对动力电池进行散热，因而也就没有了 Chiller 内部制冷剂和冷却液进行热量互换的步骤，又称为制冷剂散热。这种方式冷却效率高、速度快，且结构相对更为紧凑一些，其原理如图 7-23 所示。

看似直冷散热的系统设计很简单，但由于空调系统的制冷剂的压力在静态下一般能达到 3~4 个大气压（运转后最高可达 25 个大气压），压力比较大，因而对系统的耐高压性、密封性等设计要求更高，就没有液冷散热方式应用那么广泛了，目前市面上的典型代表车型是宝马 i3、比亚迪海豚。

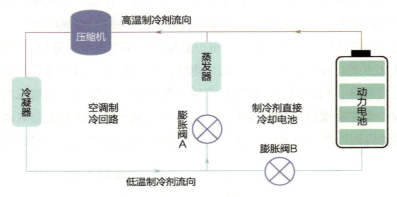

图 7-23 制冷剂直冷散热原理

问题 149 动力电池是怎么抗寒的？

低温下动力电池的加热方式分为内部加热和外部加热两种，如图 7-24 所示。

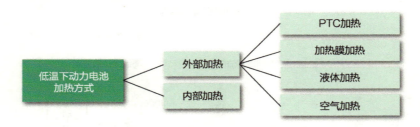

图 7-24 低温下动力电池加热方式

（1）外部加热

外部加热指的是利用外部电源，给电池以外的介质加热，介质将热量传递给电池，逐步提高电池温度，直至达到电池适宜的温度范围。外部介质包括空气介质和液体介质，生热的元件有 PTC 和加热膜等，分别称为 PTC 加热、加热膜加热、液体加热、空气加热。

1）PTC加热。PTC加热本质就是用电去加热外部电阻丝，产生的热量再通过水传递到电池包的水管之中，这个和家用地暖的水暖有些相似，它可以和乘员舱的空调制热共用同一个PTC加热器。目前PTC车载加热器比较常见，功率一般在3~7kW。

2）加热膜加热。加热膜加热是在电池表面贴上电加热膜，通过电池与电加热膜的表面接触，将热量传递到电芯内部，这个和日常生活中用的暖宝宝有些相似，贴在哪里哪里就热。

3）空气加热。空气加热是让冷空气通过换热面再输入电池内从而提高电池温度。

4）液体加热。液体加热是先将电池包内的冷却液加热，然后冷却液在电池包内部进行循环流动并将电池加热从而提高电池温度，例如特斯拉就在Model S的热管理系统上使用一款大功率的液体加热器。

（2）内部加热

内部加热指的是利用电池包外部的交流电源，给电池电解液加热，直至达到电池包适用的温度范围为止。生热的部件是电池自身，因此称为内部加热。

问题150 什么是整车控制器（VCU）？

整车控制器（VCU）是电动汽车上对整车进行电子控制的中央控制单元，关乎整车的动力性、经济性、安全性、舒适性、操作性、可靠性等，如图7-25所示。

图7-25 整车控制器

整车控制器的功能与燃油车的发动机控制器有些类似，是新能源车辆控制系统中的"大脑"，通过采集车辆上电信号、加速踏板、制动踏板、换档信号、电机模块、控制器、执行器、传感器等的信号，结合车辆的行驶状态和驾驶员的意图进行综合分析并做出相应的判定，然后输出控制信号至各下层部件控制器控制电动汽车进入不同的运行模式，并将关键信息显示于车辆仪表和大屏之中。它的控制逻辑关系图如图7-26所示。

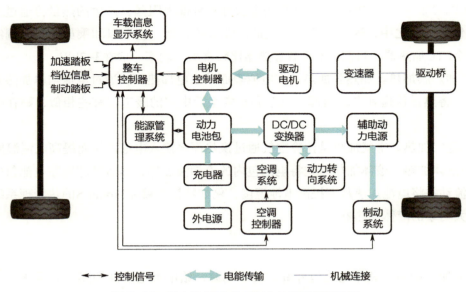

图 7-26 整车控制器（VCU）控制逻辑关系图

问题 151 整车控制器有哪些主要功能？

整车控制器与汽车行驶、整车驱动、能量回收、电池管理、网络管理、故障诊断与处理、车辆状态监控等密不可分，它实现的功能主要包括行驶控制、能量管理、能量回收、附件管理、故障处理、信息显示、通信管理等 7 个，如图 7-27 所示。整体来看，以

整车控制器的主要功能						
行驶控制	能量管理	能量回收	附件管理	故障处理	信息显示	通信管理
说明：整车控制器接收整车各子系统的反馈信息，为驾驶员提供决策反馈，同时结合驾驶员的意图，对整车各子系统的发送控制指令，以实现车辆的正常行驶	说明：整车控制器负责电机、空调、其他电动附件等的供电，需要进行能量管理以实现能量利用率的最大化	说明：整车控制器根据行驶速度、驾驶员意图和电池状态进行判断并对制动能量进行控制，以达到回收条件便让电机工作在发电状态，将部分制动能量进行回收	说明：整车控制器对DC/DC、车载充电机、水泵、空调压缩机等进行控制管理，以达到满足整车需求的同时，实现能量最优化的目的	说明：整车控制器对整车运行状态进行实时检测，包括车速、转速、电量等，发生故障时及时报警、采取安全保护措施并发送错误代码，确保车辆安全行驶	说明：整车控制器直接或通过CAN总线获取车速、电池剩余电量、电机转速、电流等车辆运行数据，将这些数据通过液晶显示单元进行显示	说明：整车控制器作为整车CAN总线的主节点，与多个从节点如电机、高压电源等进行网络状态的监管，同时结合驾驶员的控制信息并进行动态响应
场景示例：驾驶员踩加速踏板越重，整车控制器控制动力电机的输出转矩越大	场景示例：用户选择不同的驾驶模式，动力输出不一样，如选Sport模式，动力输出更大	场景示例：在驾驶员车辆滑行时，能量回收系统启动并为电池包补充电能	场景示例：在电池包放电功率很低时，限制空调的许用功率为0，停止空调的工作，避免过放电	场景示例：在电机过热时，VCU通过一定的冗余设计来降低行车功率，保证车辆能正常行驶	场景示例：组合仪表上的车速、剩余电量等信息显示	场景示例：VCU采集电机控制器的参数并对转矩进行监控，确保车辆工作在安全的动力范围内

图 7-27 整车控制器的主要功能

整车控制器为核心的整车控制系统是一个闭环系统，它能结合各输入信号的反馈不断修正控制误差，以求达到整车动力性、经济性、安全性、舒适性、操作性、可靠性等的均衡。

问题 152　整车控制器的车辆行驶控制模式有哪些？

对于整车控制器而言，最基本的功能便是结合车辆的实时状态和驾驶员的操作意图去控制纯电动汽车的行驶，一般而言主要有起步行驶模式、正常行车模式、能量回收模式、安全保护模式四种，如图7-28所示。

图 7-28　整车控制器的车辆行驶控制模式

（1）起步行驶模式

起步行驶模式是在整车上电完成自检并且驾驶员踩下加速踏板的控制过程，车辆控制流程如图7-29所示。

图 7-29　起步行驶模式下整车控制器的控制流程

（2）正常行车模式

正常行车模式是车辆在行驶时面对驾驶员不同的驾驶需求进行的控制过程，整车控制器会结合驾驶员的意图、车辆速度、路面情况、气候情况等调节车辆的动力性、经济性、舒适性等参数，涉及匀速行驶、加速行驶、减速行驶等多种工况。以加速工况为例，车辆控制流程如图7-30所示。

（3）能量回收模式

能量回收模式是在制动过程中采用合理的制动能量回收控制车辆使得电机工作在发电状态从而对制动能量进行回收利用的控制过程，车辆控制流程如图7-31所示。

图7-30 正常行车模式下整车控制器的控制流程（以加速工况为例）

图7-31 能量回收模式下整车控制器的控制流程

（4）安全保护模式

安全保护模式是在整车系统出现故障时整车控制器根据故障等级对电机转矩采取不同策略的控制过程。具体来看，在电动汽车运行过程中整车系统出现的故障一般会被定义为多个等级，针对最低等级的故障，如电池温度达到50℃，一般整车控制器只是输出警示信号对驾驶员进行提醒，此时车辆依然可以正常行驶；针对最高等级的故障，如系统发生互锁断开故障时，整车控制器会强制车辆在一个比较短的时间内停车从而可维持车辆慢行到附近的维修站；而针对介于两者之间的故障，虽然整车控制器不会强制停车，但也会将车辆切入跛行模式，对车辆的运行状态进行限速。

> **拓展阅读**
> 跛行模式（Limp Home）指的是在汽车的电控设备出现故障但模块依然能完成基本的功能时，汽车被整车控制器要求以最低要求的性能水平行驶的一种驱动模式。此时系统的输出功率被限制，但驾驶员的加速请求不再被采纳，目的是让汽车可以开回家或者开到附近的汽修厂进行修理。

问题153 什么是高压配电盒（PDU）？

高压配电盒（Power Distribution Unit，PDU）也叫高压控制盒，是整车高压电的一个电源分配的装置，由很多高压继电器、高压熔丝组成。根据不同车型的系统架构需求，它内部还可能会设计有相关的控制芯片，以便与相关控制模块实现信号通信，确保整车高压用电安全，如图7-32所示。

图7-32 PDU实物图

简单来理解的话,高压配电盒好比我们平时在家用的接线板,它上面可以有两孔插座、三孔插座、USB插口等,可以给各种电器供电。

> **拓展阅读** 从2020年开始,一些电动汽车就逐渐取消了PDU这一零件,转而将对应的功能集成到了逆变器或者电池包内,可以在保证功能的前提下一定程度上降低成本。

问题154 什么是车载充电机(OBC)?

车载充电机(On Board Charge,OBC)是一个将交流电转为直流电的装置,如图7-33所示,一般有3.5kW、7.2kW、11kW和22kW等规格。

众所周知,电池包是一个高压直流电源,但当使用AC220V交流电进行慢充的时候,交流电不能直接对电池包进行电量储存,因此需要OBC装置将高压交流电转为高压直流电,从而给动力电池进行充电。但是对于直流快充而言,由于充电桩内部自带有交流转直流的整流模块,可以在充电桩内部即将交流电转换成高压直流,因而不需要经过车载充电机转换电量便可直接进入动力电池包,如图7-34所示。

图 7-33 车载充电机实物图

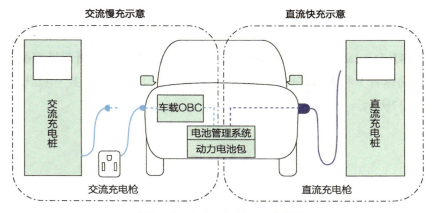

图 7-34 车载充电机充电原理图

问题155 什么是直流/直流变换器(DC/DC)?

在电动汽车上,直流/直流变换器(DC/DC)是一个将高压直流电转为低压直流电的装置,如图7-35所示。

图 7-35　DC/DC 变换器

在纯电动汽车上，由于没有发动机，整车用电的最终来源也不再是发电机，而是直流电压为几百伏的高压动力电池。但是，车辆上的一些电器设备（如数字仪表、中控屏等）的额定电压是12V、24V或者其他的直流低压，因此，需要DC/DC装置来将高压直流电转为低压直流电，既可以给全车的电器供电，又可以给辅助蓄电池充电。工作流程图如图7-36所示。

图 7-36　DC/DC 变换器工作流程图

问题156　什么是 IGBT？

IGBT全称是Insulated Gate Bipolar Transistor，意思是绝缘栅双极型晶体管，是由BJT（双极型晶体管）和 MOSFET（绝缘栅型场效应管）组成的全控-电压驱动的功率半导体，如图7-37所示。

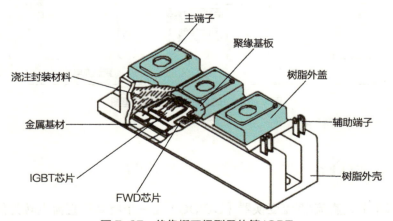

图 7-37　绝缘栅双极型晶体管 IGBT

在电动汽车上，IGBT主要控制交流电和直流电的转换，同时还承担高压的高低转换功能，用最简单的话来描述其作用便是：控制能源转换与传输，形象点来理解的话，它就像是大学宿舍控制电闸的管理员，什么时候通电，通多少电，都是宿舍管理员说了算，区别在于宿舍管理员一天可能只需要通断一次行，但IGBT是通过软件控制的，通过MCU输入的电子脉冲来控制通断，因而可以实现高效的转换，每秒可以通断上万次甚至几万次。在电动汽车的电机驱动系统、电动控制系统、空调系统、充电桩等中，均有IGBT的存在。

由于IGBT是一种制造工艺非常复杂的模块化半导体芯片，因此它又被称为新能源汽车的"最强大脑"，目前只有少数几个大品牌具备这种芯片的生产制造能力，包括三菱、英飞凌等，在国内，比亚迪是目前唯一一家拥有IGBT完整产业链的车企。图7-38所示为比亚迪半导体IGBT5.0芯片。

图7-38 比亚迪半导体 IGBT 5.0芯片

拓展阅读 在燃油车中，只有发动机点火系统等部件中应用了少量的IGBT，但是在电动汽车电池、电机、电控三大核心器件中，IGBT器件便是电控系统的核心，有数据统计，IGBT约占电机驱动系统成本的30%~40%，而电机驱动系统占整车成本的15%~20%，也就是说IGBT占整车成本的7%~10%，是除电池之外成本第二高的元件，也决定了整车的能源效率。

问题157 什么是 SiC？

SiC一般指碳化硅，是用石英砂、石油焦（或煤焦）、木屑（生产绿色碳化硅时需要加食盐）等原料通过电阻炉高温冶炼而成。在当下，由于电控的高集成化和高效率的趋势之下，纯电动汽车上的各种功率模块被要求向低损耗、低热阻、小封装、长寿命、高拓展性等方向发展，应运而生的SiC，被称为是"新能源汽车下一代功率器件的核心"。图7-39所示为比亚迪半导体SiC功率模块。

图7-39 比亚迪半导体 SiC 功率模块

问题 158 纯电动汽车是如何为车内制冷制暖的？

在讲纯电动汽车是如何为车内制暖之前，我们先来介绍一下传统燃油车是如何为车内制冷制暖的。

燃油车制冷：传统的内燃机驱动的汽车是用发动机来驱动空调的压缩机，利用蒸发吸热原理造成局部低温区域，将冷风吹入乘员舱中来制冷，如图7-40所示。

燃油车制暖：燃油车制热大多是利用发动机冷却液的热量通过热交换的方式来实现的，如图7-41所示。

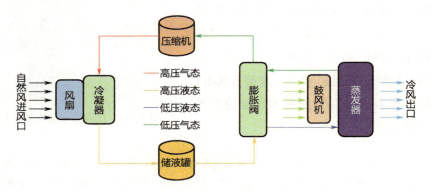

图 7-40 燃油车制冷示意图

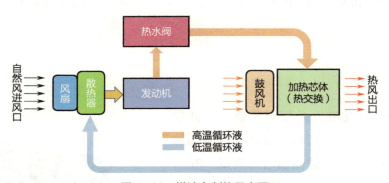

图 7-41 燃油车制热示意图

纯电动汽车制冷：纯电动汽车制冷系统原理基本和燃油车一样，都是靠压缩机压缩制冷剂循环进行热量转运，使中控台内的蒸发箱产生低温，然后风机带动气流经过蒸发箱，被降温后送入驾驶舱，区别仅在于：纯电动汽车的压缩机是电动的。

纯电动汽车制暖：纯电动汽车用电机取代了发动机，而在运转过程中，电机的发热量要远远小于发动机的发热量，所以也就没有了相应的发动机冷却系统，对于制热这个需求而言，大概可以分为两种方式：PTC加热和热泵加热。

PTC加热采用辅助方式进行制热,如图7-42所示,低温的循环液在电动水泵的作用之下流经PTC加热器,被加热为高温的循环液,自然风流经蒸发器并将高温循环液的热量带走并变为热风,此时循环液温度降低,如此循环往复。

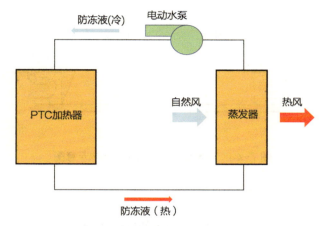

图7-42 纯电动汽车PTC制热示意图

这个模式和大部分电加热的家用电器相似,如电吹风(图7-43)、电饭煲、电磁炉、电热水壶等。

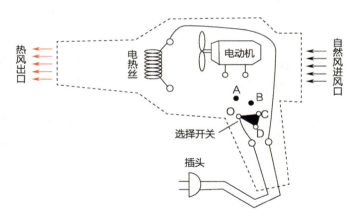

图7-43 电吹风制热简图

问题是,这样用电的话,电耗特别快,电费也会很高昂。对于汽车而言,续驶里程就会大打折扣。于是,工程师们又想出了另一个解决方案:热泵加热。

如图7-44所示,低沸点液体(如空调里的氟利昂)经过节流阀减压之后蒸发,从较低温处(如车外)吸热,然后经压缩机将蒸气压缩,使温度升高,在经过冷凝器时放出吸收的热量而液化后,再回到节流阀处。如此循环工作能不断地把热量从温度较低的地方转移给温度较高(需要热量)的地方。热泵技术可以使用1J的能量,从更冷的地方转移大于1J(甚至2~3J)的能量,因此在耗电量上要更为节省。

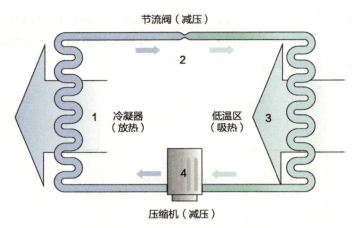

图 7-44　纯电动汽车热泵技术制热示意图

关于PTC制热和热泵空调制热的对比见表7-1。

表 7-1　PTC 和热泵技术对比

类型	PTC	热泵
原理	制造热	搬运热
特点	➢ 仅能制热 ➢ 结构简单 ➢ 技术成熟 ➢ 成本较低 ➢ 效率较低（耗费1J的能量，极限情况只能提供小于1J的热量）	➢ 冷热两用 ➢ 结构复杂 ➢ 成本更高 ➢ 效率高，使用1J的能量，从更冷的地方转移大于1J（甚至2~3J）的能量
同原理家用物品	热风幕机、去湿机、干燥机、干衣机、暖风机、浴霸等	热泵式烘干机、空气能热水器等

问题 159　什么是 CTC 技术？

CTC英文全称为Cell to Chassis，意思是电池底盘技术，指的是取消电池包（Pack）设计，将电池、底盘和下车身进行集成设计的电池和底盘一体化技术，通过这样的方式让整个下车身底盘结构和电池托盘的结构进行耦合设计。换句话说，底盘的上下板就是电池的壳体和盖板，借此可以优化电池包的布局，减少零部件数量，降低整车重量，增加整车续驶里程。

图7-45所示为搭载了CTC技术的特斯拉Model Y白车身，其电芯正极朝上放置，电芯采用侧面冷却的方式，电池的上盖既是车身地板，同时也起到了密封电池的作用。

图 7-45 搭载了 CTC 技术的特斯拉 Model Y 白车身

拓展阅读 图7-46所示为零跑汽车2022年4月26日发布的国内首款可量产的CTC电池底盘一体化技术，基于此技术，可以增加14.5%的电池布置空间，提升整车续驶里程10%，提升整车25%的扭转刚度和实现20%的轻量化。

图 7-46 零跑汽车发布的国内首款可量产的 CTC 电池底盘一体化技术

此外，2022年5月，比亚迪发布的CTB电池车身一体化技术（Cell to Body）与CTC电池底盘一体化技术也有着异曲同工之妙，也是将电池上盖与车身地板进一步合二为一，从原来电池包"三明治"（CTP）结构，进化成整车的"三明治"结构。在CTB技术中，动力电池系统既是能量体，也是结构件。CTP方案与CTB方案的对比如图7-47所示，与此同时，这一技术也可以让CTB刀片电池包的结构强度得到突破，能够顺利通过50t重型货车碾压的极端测试，而比亚迪海豹是全球首款搭载CTB技术的量产车。

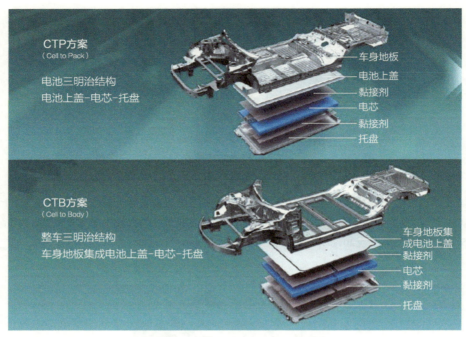

图 7-47　CTP 方案与 CTB 方案对比

问题 160　新能源汽车有多大的辐射？

二维码视频 7-6
CTB 刀片电池包
50t 重型货车碾压
极端测试

先把结论摆出来：新能源汽车确实有辐射。

实际上，所有物体都会因为具有温度而辐射电磁波，所有温度高于绝对零度的物体，都存在辐射，这是物体用电磁辐射的形式把热能向外散发的热传方式，温度愈高，辐射出的总能量就愈大。它不依赖任何外界条件而进行，电动汽车有，燃油汽车也有。在解读新能源汽车有多大辐射之前，我们先来介绍辐射的种类。

简单来说，辐射分为电离辐射、非电离辐射两种形式，如图7-48所示。

（1）电离辐射

电离辐射包括我们熟知的X射线、核磁共振、核电站、宇宙射线等，能量极强，能把人体内原子中的电子"轰出去"，剂量达到一定程度便会影响健康，使用时需要专门防护。但不要过于担心，这些我们日常可以接受到的电离辐射源，都会严格控制剂量，能确保安全。

（2）非电离辐射

非电离辐射主要包括电磁辐射和热辐射，其中，电磁辐射其实就是电场和磁场的交

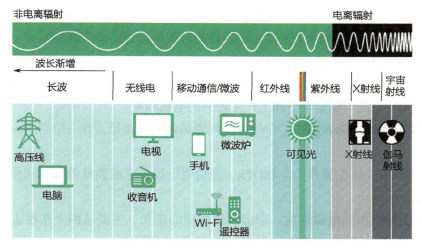

图 7-48　电离辐射和非电离辐射

互变化产生的电磁波向空中发射或泄漏的现象，生活中的电子设备、电气装置等产生的辐射都归于这类。而且，离这些物品距离越大，辐射值就越小，见表 7-2。电磁辐射也正是电动汽车上存在的主要辐射源，在一定剂量范围内是非常安全、无害的；热辐射则是生活中最常见的辐射源，目前没有任何文献表明热辐射会对人体造成危害。

表 7-2　常见生活电器的电磁辐射值与距离的关系

电器	3cm距离（μT）	30cm距离（μT）	1m距离（μT）
便携式收音机	16~56	1	<0.01
电磁炉	1~50	0.15~0.5	0.01~0.04
洗衣机	0.8~50	0.15~3	0.01~0.15
洗碗机	3.5~20	0.6~3	0.07~0.3
电脑	0.5~30	<0.01	
冰箱	0.5~1.7	0.01~0.25	<0.01
彩电	2.5~50	0.04~2	0.01~0.15

各种辐射的警示标志如图 7-49 所示。

图 7-49　各种辐射的警示标志

新能源汽车车厢内的电磁环境比较复杂，主要包括以下几个方面：

1）新能源汽车内的大功率器件在车辆行驶过程中会持续处于高频、大电流、高电压的工作状态，是较为重要的电磁干扰源。

2）连接电池组和其他电器装置的动力线缆，在工作过程中会因为汽车运行状态的不同而流过较大的电流，也会在空间上产生较强的电磁辐射。

3）驱动电机的内部磁路在工作时会向外界辐射电磁能量，在一定空间内产生辐射电磁波。

4）车载通信天线主要作为车载GPS、通信电子设备电磁能量的发射和接收设备，是另一种电磁干扰源。

关于新能源汽车的电磁辐射，国标有着明确的定义，主要从两个维度去对其指标进行考核，分别是磁场强度（单位：μT）和电场强度（单位：V/m）。

实际上，全球对于电磁辐射的管理是相当严苛的，无论是手机、电脑等数码设备，还是电动汽车，都有章可循。国际非电离辐射防护委员会（International Commission of Non-Ionising Radiation Protection，ICNIRP）有关电磁辐射电磁场的安全标准如下：电场辐射安全标准为5000V/m，磁场辐射安全标准为100μT。

在国标GB 8702—2014《电磁环境控制限值》中对于高压输变电工程的电场强度和磁感应强度的公众曝露控制水平分别为4000V/m和100μT。也就是说，普通家电只要低于4000V/m和100μT，其辐射值就是在安全范围内。这个数字可能对于很多人而言非常抽象，在此举例说明一下：手机、电脑等电子产品也均带有电磁场，数值在4μT左右，仅为安全限度的4%。

有人会说，国标GB 8702—2014并非是针对电动汽车而制定，那么，电动汽车的电磁辐射限值到底又是多少呢？

目前，国标GB/T 37130—2018《车辆电磁场相对于人体曝露的测量方法》中对于电动汽车的要求，无论是电场强度限值，还是电磁感应强度限值都和国标GB 8702—2014保持一致，即电场辐射安全标准为4000V/m，磁场辐射安全标准为100μT。因此，只要是合格出厂的电动汽车，都会经过车辆电磁辐射评测及评价，换句话说，消费者可以买到的新能源汽车的电磁辐射强度都是在国家规定的安全标准之内，不需要过度担心。

蔚来汽车曾在专业的实验室中针对蔚来ES8的电磁辐射值进行过测量，在完全隔离外界环境的情况下，利用Narda电磁辐射测试仪ELT-400这一专业的电磁辐射测量工具，依次对ES8在启动和匀速驾驶两种状态下，对7个座位的头、胸、脚三个部位分别进行测试，并记录电磁辐射值，如图7-50所示，连一台洗衣机的电磁辐射值都不到，足见其安全性。

另外，有网络统计数据显示，各种家用电器、交通工具和公共设施的磁场测量值如图7-51所示。可以看到，电动汽车（EV）的磁场测量值要比家用电器的微波炉、吹风机、电磁炉、吸尘器等要低得多；即便是放在交通工具领域，电动汽车的磁场测量值要比高铁低不少，足见电动汽车的辐射程度之低。

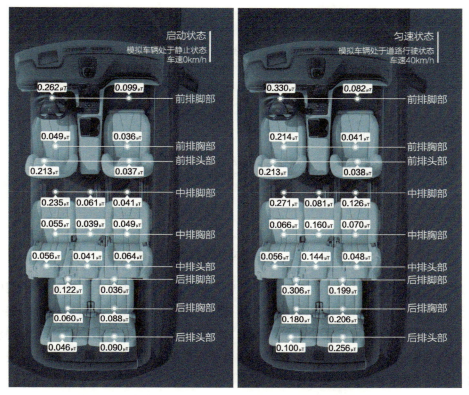

图 7-50 蔚来 ES8 启动状态和匀速状态电磁辐射值测量结果

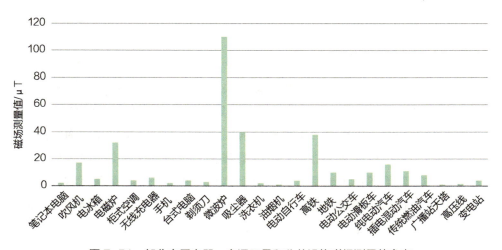

图 7-51 部分家用电器、交通工具和公共设施磁场测量值参考

> **拓展阅读** 辐射剂量的单位是希（Sv），但希是个非常大的单位，因此通常使用毫希（mSv），1mSv=0.001Sv，日常生活中的辐射剂量如图7-52所示。对在日常工作中不接触辐射性物质的大多人来说，每年的正常因环境本底辐射（主要是空气中的氡）摄取量是每年1~2 mSv。

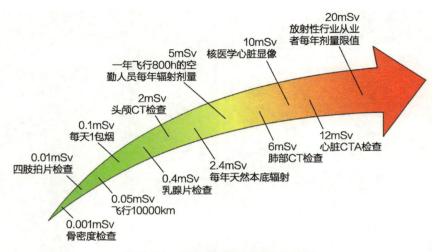

图 7-52 日常生活中的辐射及其剂量

凡是每年辐射物质摄取量超过 6 mSv，应被列为放射性物质工作人员，他们的工作环境应受到定期的监测，而人员本身需要接受定期的医疗检查。人体短时间内接受大剂量辐射可能会导致如疲劳、呕吐、食欲减退、暂时性脱发等射线疾病，如辐射剂量进一步增大至超过2000mSv时可能会导致骨髓和骨密度破坏、红细胞和白细胞数量极度减少等，如一次性遭受4000 mSv便会致死。

问题 161　新能源汽车的辐射比燃油汽车要高吗？

答案是：不一定！

汽车电磁辐射的强弱，与是不是新能源的关系并不大，只要经过良好的设计，新能源汽车的辐射可以被控制在很小的范围，并不一定会比普通燃油车更严重。

原因其实很好理解：电机会产生电磁辐射，发动机也会产生电磁辐射，除此之外，汽车上也有很多类似电机的零部件会产生电磁辐射，如发电机、空调鼓风机、散热风扇等，这些零部件在新能源汽车上有，燃油车上也有。并且，随着车载互联网的发展，车载电子部件数量也在与日俱增，包括大屏、音响等，电磁辐射源也就增加了，但这些对于新能源汽车和燃油车而言，是一样的。

拓展阅读　从汽车行业独立的第三方检测机构中国汽车工程研究股份有限公司的检测结果（表7-3和表7-4）来看，2020年测量的13款车型中，特斯拉Model 3、理想ONE、比亚迪汉EV三款电动汽车在车辆电磁辐射方面拿到了5星，比燃油车哈弗H6、本田皓影、奥迪Q5L等车型的成绩要好；而在2021年测量的6款车型中，上汽Marvel R、小鹏P7这两款电动汽车在车辆电磁辐射方面拿到了5星，比燃油车马自达CX-30的成绩要好。

表 7-3 中国汽车健康指数 2020 年评测结果

序号	品牌	生产厂家	测评车型	车辆级别	车辆型号	车内挥发性有机物VOC 车内气味强度VOI	车辆电磁辐射（EMR）
1	哈弗	长城汽车股份有限公司	哈弗H6	SUV	1.5L铂金都市版（CC6464RM08A）	★★★	★★★
2	捷途	奇瑞商用车（安徽）有限公司	捷途X70	SUV	2020款 手动畅行5座（SQR6470F019）	★★★	★★★★
3	本田	广汽本田汽车有限公司	皓影	SUV	240TURBO CVT豪华版（GHA6460RAC6B）	★★★★	★★★
4	梅赛德斯-奔驰	北京奔驰汽车有限公司	A 180 L	轿车	运动轿车（BJ7138LEL）	★★★	★★★★
5	领克	浙江吉利汽车有限公司	领克03	轿车	2019款 1.5TD-DCT劲版（MR7152D09）	★★★★	★★★★
6	特斯拉	特斯拉（上海）有限公司	Model 3	轿车	标准续航升级版（TSL7000BEVARO）	★★★★	★★★★
7	理想	重庆理想汽车有限公司	理想ONE	SUV	2020款 六座版（LXA6500SHEVM1）	★★★★	★★★★
8	比亚迪	比亚迪汽车工业有限公司	汉	轿车	2020款 EV超长续航版尊贵型（BYD7009BEV1）	★★★★	★★★★
9	WEY	长城汽车股份有限公司	VV6	SUV	2021款 2.0T两驱智享+	★★★	★★★★★
10	丰田	四川一汽丰田汽车有限公司	RAV4荣放	SUV	2020款 2.0L CVT两驱风尚版	★★★	★★★★★
11	奥迪	一汽-大众汽车有限公司	Q5L	SUV	2020款 40 TFSI荣享进取型	★★★★	★★★

(续)

序号	品牌	生产厂家	测评车型	车辆级别	车辆型号	车内挥发性有机物VOC 车内气味强度VOI	车辆电磁辐射（EMR）
12	别克	上汽通用汽车有限公司	君威	轿车	2019款 GS 28T 尊贵型国VI	★★★★	★★★★
13	日产	东风汽车集团有限公司	天籁	轿车	2019款 2.0LXL 舒适版	★★★	★★★★

表7-4 中国汽车健康指数2021年评测结果

序号	品牌	生产厂家	测评车型	车辆级别	车辆型号	车内挥发性有机物VOC 车内气味强度VOI	车辆电磁辐射（EMR）	车内颗粒物（PM）	车内致敏物风险（VAR）
1	上汽R	上海汽车集团股份有限公司	Marvel R	轿车	Marvel R 2021款后驱PRO版	★★★	★★★★	★★★★	★★★★
2	福特	长安福特汽车有限公司	锐际	SUV	锐际2020款EcoBoost 245两驱悠享款	★★★★	★★★★	★★★★	★★★★
3	长安马自达	长安马自达汽车有限公司	CX-30	SUV	CX-30 2020款 2.0L自动尚悦型	★★★★	★★★	★★★★	★★★★
4	福特	长安福特汽车有限公司	锐界	SUV	2021款PLUS EcoBoost 245 四驱尊锐型7座（CAF6490A66M）	★★★	★★★★	★★★★	★★★★
5	小鹏	肇庆小鹏新能源投资有限公司	P7	轿车	2020款后驱长续航智享版（NHQ7000BEVEA）	★★★★	★★★	★★★★	★★★★
6	吉利	浙江吉利汽车有限公司	星瑞	轿车	2021款 2.0T旗舰型（MR7203D12）	★★★	★★★	★★★★★	★★★

问题 162　新能源汽车的辐射会致癌吗？

答案是否定的。

在上述介绍中已经分析过，目前现有的纯电动汽车都是满足国标的，而且它们的电磁辐射强度远远无法达到伤害人体的地步。

据《世界卫生组织关于电磁环境与健康的公共信息》相关文献可知：日常生活中的电池、电气设备，由于电场强度和电磁场强度并不高，所以对健康的影响较小，并没任何证据可表明磁场会致癌。

据了解，环境致癌主要包括物理、化学、生物三大因素，而电离辐射是常见的物理致癌因素之一，辐射致癌是电离辐射的远后效应，其致癌的发生是一个非常复杂的过程。辐射致癌是辐射因素与机体交互作用的结果，是一个渐进式的发展过程，发生机理上包括基因组不稳定性和与细胞增殖相关的多个信号转导通路机制的异常。从这一观点来看，电离辐射才是致癌的一大诱因。但是在纯电动汽车上，根本就不会有电离辐射，也没有任何特殊元素的辐射源。除非，你开的车采用了核动力，才有可能会致癌。

总体而言，电动汽车确实会产生辐射，同时也无法避免，但其比日常使用的家用电器产生的电磁辐射还要少，所以对人体几乎没影响。

问题 163　纯电动汽车的高压线是如何分布的？

在电动汽车上有一套高压配电系统，系统电能传输的高压线束主要由五段组成，分别是动力电池高压线束、快充线束、电机控制器高压线束、慢充线束和高压附件线束，如图7-53所示。五段高压线束把动力电池的高压电分配给电机控制器、驱动电机、电动空调压缩机、PTC加热器、DC/DC等

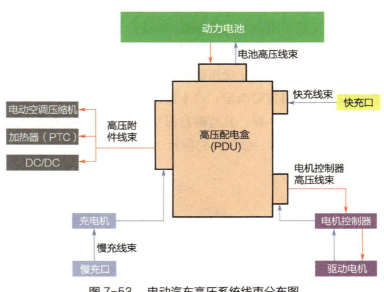

图 7-53　电动汽车高压系统线束分布图

高压用电设备，同时将交流、直流充电接口高压充电电流分配给动力电池，以便为动力电池充电，如图7-54所示。

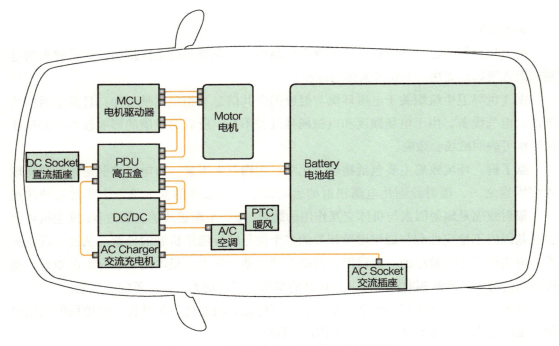

图 7-54　电动汽车高压系统线束连接示意图

问题164　"高压互锁"是什么意思？

高压互锁（High Voltage Inter-lock，HVIL）是通过低压信号监视高压回路完整性的一种安全设计方法。高压互锁回路一般指低压回路，高压正负回路一般是指主回路。理论上，高压监测回路比低压监测回路先接通，后断开，中间保持必要的提前量，时间长短可以根据项目情形而定。对于高压互锁实现的形式，每个车企根据各自车型不同，采用的设计也会不一样。其监测目标是高压插接器这类要求人力操作实现电路接通还是断开的电气接口元件，如图7-55所示。

图 7-55　高压互锁设计

从系统功能安全的角度出发，高压互锁是电动汽车高压系统安全的一个行之有效的安全措施。通常设计为：连接时，公头母头之间对接地，先接触到高压端子，后接触到互锁端子，互锁端子的针头被短接，连通互锁回路；断开时，互锁端子先断开后再断开高压端子，低压互锁回路被切断，这样能有效地提前判断高压端子是否断开或松动，从而保证车辆及时对该高压互锁断开进行故障处理，实现安全控制。

问题165 纯电动汽车的高压安全是如何控制的？

在电动汽车的制造研发过程中，除了通过对电池包的优化降低车辆自燃起火的风险外，工程师们还要考虑到一个问题，那就是高压安全。

在普通燃油车上，用电量并不大，普遍采用12V或者48V的中低压电系统。而在电动车型上，为了驱动大功率电机和实现快速充电，就需要用到高压电了。在一辆电动汽车中，动力电池及BMS、驱动电机及控制器、高压配电箱（PDU）及高压安全管理系统、电动附件、车载充电机、非车载充电设备以及高压线束等部件组成了整车的高压系统，其工作电压在几百伏，放电电流高达几百甚至上千安培，如图7-56所示。

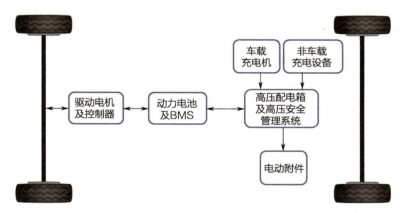

图7-56 电动汽车的高压系统

根据车型的不同，高压系统的电压在220~900V之间不等，与此同时，车身大部分为金属结构，具有良好的导电性，为了降低乘员触电的风险，目前主流车企会通过一系列措施进行高压系统的安全优化，如图7-57所示。

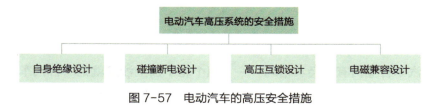

图7-57 电动汽车的高压安全措施

（1）自身绝缘设计

高压安全的一个重要方面就是系统的绝缘水平，电动汽车的高压系统，普遍会安排在汽车底盘下方，而高压电气回路带电部件与自身壳体之间，高压回路与车辆底盘之间，不同高压部件之间，高压系统与低压系统之间，都有明确的绝缘要求。根据不同的需求，车企会在这些元件覆盖层面，增加绝缘的包覆材料并且增加冗余度，从而避免触电事故的发生。

（2）碰撞断电设计

电动汽车在发生行驶过程中碰撞、翻滚或充电过程中被其他车辆碰撞等事故时，可能造成车辆动力系统的高压漏电、短路、动力电池电解液泄漏、燃烧、爆炸等风险，因此，目前的电动车型都配备了碰撞断电系统。其基本原理是：通过碰撞传感器给出碰撞信号，经过系统的判断再经由电池管理系统做出决断，实现在碰撞发生时高压系统及时断电，避免造成二次人身伤害。

（3）高压互锁设计

对于电动汽车而言，车辆所有可见的高压插头的公头及母头分别都有一个互锁插口及短接针脚，以保证在高压故障时车辆可以及时对该高压互锁断开进行故障处理。高压互锁系统的设计准则是：高压互锁必须能够连续、有效、实时监测高压系统连接情况；尽量做到所有高压插接器都具备互锁功能；无论车辆处于什么状态，高压互锁故障必须报警，例如以仪表盘指示灯或声、光等形式提醒驾驶员。

（4）电磁兼容设计

由于电机控制器以及高压系统中多个用电器均需要变频器作为输入电源，这使得电动汽车的电磁兼容环境非常复杂，必须采用具有针对性的电磁兼容设计才能避免电磁干扰对安全性的威胁。例如，高压线束设计时电源线与信号线尽量采用隔离或分开配线；电源线两端考虑采用隔离接地，以免接地回路形成共同阻抗耦合将噪声耦合至信号线；输入与输出信号线应避免排在一起从而造成干扰；输入与输出信号线尽量避免在同一个插头上，如不能避免时，应将输入与输出信号线错开放置。这些措施都有利于优化电磁兼容性设计。

问题166 纯电动汽车需要经历哪些严苛测试才能量产？

多年前汽车行业内有个经典语句——"四个轮子加上沙发就是一台汽车"，这句话放到今天，可能还要加上"数个智能手机"。倒不是说这个逻辑有什么不对，但时间教会我们：别拿自己的兴趣去挑战别人的专业。在车企眼中，"车规级"这看似轻飘飘的三个字，往往意味着巨额成本和数不尽的方案变更。

原因无他，极限测试是每辆车的必考项，"挂科"就意味着"退学"，电动汽车也不例外。并且，相比于传统燃油车而言，电动汽车在储能、电气、驱动等方面存在较大的差异，高压防护、整车防水安全、电池电化学安全等都是重点、难点。

具体来说，在电动汽车项目开发的过程中，主要有如下几类测试：

1）针对每一个零部件，都有零部件环境测试。

2）针对电池包或系统，有振动试验、机械冲击试验、挤压试验、模拟碰撞试验、过温保护试验、过流保护试验、外部短路保护试验、过充电保护试验、过放电保护试验、湿热循环试验、浸水试验、热稳定性试验（又分为外部火烧、热扩散、温度冲击）、盐雾试验、高海拔试验、底部球击测试、冷却液泄漏测试等。

3）针对整车，有高温测试（40℃以上高温，重点包括驾驶性能、整车热管理、空调系统、动力总成悬置系统等验证测试）、高寒测试（-40℃以下，重点包括车辆动力、操稳、电池系统及电子设备等功能稳定性测试）、高原试验、整车耐久测试（行程数百万千米、近千种路况，重点包括底盘强化试验、综合可靠性试验、动力总成耐久试验）、整车防水试验、整车智能驾驶测试（数百万千米，重点包括环境路试数据采集、仿真优化分析、整车功能测试、智能驾驶性能测试等）、整车EMC电磁兼容试验等。

并且，每一个试验的试验条件都要比消费者日常用车的场景严苛许多。当然，在现阶段，新能源汽车相关的国家标准和规范尚未健全，国标只能说是一个很低的入门门槛。因此，许多车企内部有着比国标更高的企业标准，以求为消费者提供安全性和可靠性更高的产品。

问题 167—186

第 8 章
新能源汽车充电

问题 167 直流快充和交流慢充分别是什么原理？

所谓直流快充，就是将AC/DC变换器外接到直流充电桩上，在直流充电桩内完成交流到直流的转换，如此一来，充电枪输出的电流就直接是直流了。由于AC/DC变换器是外置，充电功率就可以做得很大，毕竟可以不用过多考虑质量、空间和成本的问题。简单来说，直流快充是直流充电桩把电网的交流电转化成直流电并输送到电动汽车的快充口，电能直接进入电池充电，如图8-1所示。

图 8-1 直流快充电网连接示意图

直流快充的充电电流大，是常规充电电流的十倍甚至几十倍，最快的话可以在15min左右充电至电池包完整容量的80%。快速充电的电流、电压较高，短时间内对电池的冲击较大，容易令电池的活性物质脱落和造成电池发热，无论电池再完美，长期快速充电终究影响电池的使用寿命。

对于交流慢充而言，通过充电枪进来的是220V或380V的交流电，首先连接的是车载充电机，这个设备的作用就是将充电桩进来的交流电转化成直流电，就是所谓的AC/DC变换器。之所以需要这个交/直流的转化，原因就是动力电池仅支持直流充电，如图8-2所示。

对于交流慢充而言，充电功率的大小是由OBC的功率直接决定的。目前市面上主流的OBC功率为7kW，也有11kW和22kW的。简单来说，交流慢充是交流充电桩通过交流慢充充电枪把电网的交流电输入电动汽车的慢充口，经过汽车内部的充电机（OBC）把交流电转成直流电，再输入电池存储起来，从而完成充电。

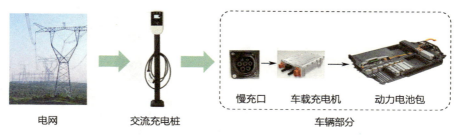

图 8-2 交流慢充电网连接示意图

对比来看，交流慢充通常是指以恒定的、较小的电流以交流的方式给电池充电，让电压缓慢升高，以较低的速度给电动汽车电池进行充电，不仅可以减少热量和电池压力，而且对电池的长期健康也有好处；缺点就是充电时间比较长，一般的车型需要6~10h才能将电完全充满。

问题168 如何区分直流快充口和交流慢充口？

直流快充口和交流慢充口的接口线孔的数量是不同的，孔径大小也不同，如图8-3所示。其中，交流充电枪接口采用的7端子结构（5大孔、2小孔），而直流充电枪则有9个接口（2大孔、1中孔、6小孔）。可以简单地记为：因为直流快充功率大，所以直流快充中间的2个线孔直径要大很多。

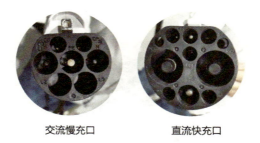

图 8-3 交流慢充口和直流快充口差异对比图

问题169 直流快充充电桩和交流慢充充电桩有何区别？

相比较于交流慢充充电桩而言，直流充电桩的体积会显得十分庞大，原因在于其相较交流充电桩多出了交流电转直流电的整流斩波模块，如图8-4所示。此外，在外观上我们还可以通过充电线粗细区别两者，由于直流充电桩输出电流大，直流充电线会粗壮许多。

交流慢充充电桩　　　　　直流快充充电桩

图 8-4　交流慢充充电桩和直流快充充电桩差异对比图

目前在国内，大部分交流充电桩的功率是3.5kW和7kW，大部分直流充电桩的功率是35kW和60kW，且其直流充电模块以5kW、7.5kW和10kW为主，以8个模块并联输出为上限，最大也只能做到80kW。

问题170　为什么快充都是充电到80%而不能把电充满？

相信许多人都注意到，不少车企在宣传新能源汽车充电速度时，通常都会用"快充模式下30%~80%的充电时间为30min"这样的宣传语，如图8-5所示。

图 8-5　某款电动汽车30min充电至80%的宣传

相信也有许多纯电动汽车的车主会注意到，电动汽车在使用快充进行充电时，刚开始充电的速度都会比较快，但当电量达到80%左右时，电池的充电速度就会明显变慢许多，甚至有人统计过，最后的20%充电时间，可能会和之前80%的充电时间相接近。

其实，这么做是有多方面考虑的，主要就是为了提升安全性，同时有效延长动力电池的寿命。

先说安全性。

根据"功率=电压×电流"的基本原理,想要实现快速充满电池包,就只有两种实现路径:高电压和大电流。

由于高电压快充具有很强的安全隐患,所以当下绝大多数大功率快充都是采用大电流的方式。然而,在充电过程中,如果一直采用大电流充电,容易导致动力电池过充和过热,极易引发电气线路短路、过负荷、插接件接触电阻过大、元器件高温等问题,从而导致电动汽车起火。

关于这个问题,有个很形象的例子:电池包是由电芯组成的,如果把电芯比喻成水桶的话,那电池包里面就有很多个水桶,想要给电池包充满电,就相当于要给所有的水桶都注满水。如果水管粗一些、放水的速度快一些的话,水桶的水装得也快,但是,在水桶快要注满水时,如果水流依然太大的话,那关水时间不好掌控,容易出现溢出的情况。如果单个水桶都不好控制的话,那成百上千个水桶放在一起就更不好控制了,因此,在装到80%的时候,水龙头就慢慢地改成细水甚至会以水滴的形式注水,直至加满,此时装满的速度自然就会慢很多。

因此,在实际设计中,为了防止一味长时间大电流充电而引发的过热问题,当动力电池容量充到80%时,BMS(电池管理系统)就会干预,切换成恒压充电模式,并降低充电电流,这个时候的充电速度就会明显放慢,如图8-6所示,主要目的就是要防止动力电池过充、过热等带来的安全风险。

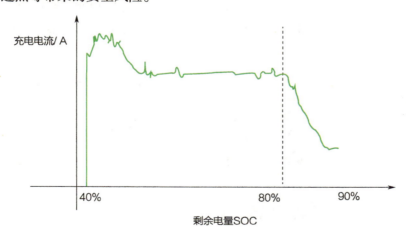

图 8-6 充电电流与剩余电量的关系

再来说说电池包的寿命。

电池充电本质上是一种化学反应,在充电过程中,电池内部的锂离子从正极脱嵌后,经过电解质穿过电池隔膜嵌入负极,使附近处于富锂状态。而充电电流越大,锂离子移动的速度越快,电池温升也越大,因此在使用快充的时候,很容易使电池内部的锂离子无法嵌入负极，造成析锂。长时间析锂，锂离子凝聚在一起就容易形成锂枝，从而使电池容量变小，缩短电池使用寿命。

问题 171　什么是智能预约充电？

新能源汽车的智能预约充电功能是指用户可以自主设定开始充电的时间，在插上充电枪之后，一旦到设定时间，车辆便开始为电池包进行充电。图8-7所示为宝马推出的预约停车充电服务。

图 8-7　宝马预约停车充电服务

在电动汽车用户圈中，国家电网给出的分时电价策略相信已经是众所周知了。在城市高峰用电期间，用电比较集中，而电动汽车充电本身就对功率有较大需求，所以电价一般会保持在较高的水平。而在如半夜这种用电需求比较宽松的时间段，电价就会降低不少，每千瓦时电量的降幅至少保持在20%以上，部分特殊地区还有可能差值达到3∶1或者是4∶1。

按照60kW·h容量的电池包计算，在夜间充电就有可能降低几十元的电费成本，而半夜起来充电对用户来说显然不是最优解，所以，预约充电功能就理所当然地成为电动汽车的标配了。一般而言，我们可以在车机上进行预约充电设置，如图8-8所示，也可以采用手机预约，如图8-9所示。

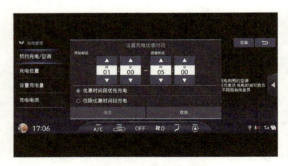

图 8-8　车机预约充电

图 8-9　手机 App 预约充电

拓展阅读　分时电价是指按系统运行状况，将一天24小时划分为若干个时段，每个时段按系统运行的平均边际成本收取电费。分时电价具有刺激和鼓励电力用户移峰填谷、优化用电方式的作用。表8-1所列为上海市2022年居民生活用电的分时电价情况，可以看出峰时段（每天6:00—22:00）的电价是谷时段（每天22:00—次日6:00）的2倍。

表 8-1　上海市 2022 年居民生活用电分时电价

用户分类	分档	电量水平 （kW·h/户·年）	电价水平（元/kW·h）		
			未分时	分时	
一户一表 居民用户	第一档	0~3120（含）	0.617	峰时段	0.617
				谷时段	0.307
	第二档	3120~4800（含）	0.667	峰时段	0.677
				谷时段	0.337
	第三档	4800以上	0.917	峰时段	0.977
				谷时段	0.487
非居民用户（学校、养老院、居民公建设施等）		不满1kV	0.641		
		10kV	0.636		

注：1. 居民用户分时峰谷时段划分为：峰时段（6:00—22:00）；谷时段（22:00—次日6:00）。
　　2. 居民累计电量在第二或第三档临界点的月份，由于当月超基数部分的峰谷电量数据无法准确区分，具体执行时，该月第二档、第三档的加价按照峰、谷均为0.05元或0.30元的加价水平执行，次月起再按峰、谷不同加价水平执行。

问题 172　"过度放电"有什么危害？

直白来讲，过度放电就是电池包在SOC低于保护阈值之后仍然继续放电，多出现在电池内电量不足却仍然长时间不充电的场景下。

对于动力电池而言，在放电时，其内部贮存的电能会一步步释放，此时，电压也会缓慢下降。当电压降低到某一规定值时，我们应停止放电并及时重新充电以恢复电池的贮能状态，如果低于此规定值继续放电的话，即为过度放电。

在过度放电特别是大电流过度放电的场景下，锂离子将会在负极区域大量沉积，同时带来的还有一定程度的电解液分解和材料破坏，即便通过低电压充电也只能部分恢复，甚至可能对电池的正负极造成永久的损坏，对容量的衰减影响是相当严重的，这是由电池本身的特性决定的。这就好比是人可以挨饿，但是饿到一定的程度，就可能会对身体健康产生不可逆的负面影响。

从三元锂电池内部的结构来说，一般最好当锂电池剩余电量在15%~20%时充电比较合适，大多数厂家也都会在剩余电量20%左右的时候在车辆的组合仪表区域发出提示信息，以提醒车主及时为车充电补能，这样也有助于保护电池。

问题173 "过度充电"有什么危害？

与过度放电刚好相反，过度充电是指锂电池实际SOC超过设定保护阈值（如95%）后继续充电，或者电池包充电电压超过截止电压的场景。

对于动力电池而言，如果在接近满电后还继续充电，有可能会出现热量在电芯内部大量积累的情况，电池电压会逐渐升高，最终导致电池鼓包起火等现象。过充电流越大，电池发生热失控的时间越短，临界温度越高，区域温差越大，内外部温差越大。这不仅会对电池包电芯造成不可逆的损伤从而影响电池寿命，更容易带来安全隐患。

如果此时BMS仍然无法对其保护，则进一步会从单个电芯的热失控进阶到热扩散，最终导致整车起火。

问题174 工程师如何防止"过放过充"？

不管是过度充电还是过度放电，带来的后果对消费者来说都是无法接受的。因此，在设计过程中，工程师便会设置多重保护以避免这种现象的发生。考虑到不同产品的电池包参数也有很多的差异之处，因而过充过放功能一般被集成在整车的电源管理系统（BMS）中，在控制器唤醒状态下，电源管理系统可以实时监控电池模组及电池包电压，以此计算可用能量状态（SOC）和健康状态（SOH）等参数并进行监控。

例如，当SOC超过或低于设定的阈值，系统就会自动停止充电断开主继电器或提醒车主充电，以保证电池安全。除此之外，考虑到电芯状态和质量的一致性问题，BMS还会检测模组甚至电芯的电压温度等状态。如果超过设定阈值，系统会停止充电或降低充电/输出功率开始主动均衡或被动均衡，尽可能地让电芯SOC状态保持在一条基准线上，由此也能降低过充过放的出现可能。

问题175 消费者用车还有必要担心过充吗？

不需要担心。电池过充这个问题早在功能设计阶段就已经考虑在内，同时，在电动汽车设计验证以及法规认证阶段也已经进行多次测试，消费者并不需要刻意防止电池过充，大可放心地正常使用。

不过，不用特别考虑是一方面，尽可能地延长电池寿命又是另一方面。出于这点考虑，让电池SOC在充电时充至80%~90%这个区间是比较好的推荐，大多数纯电动车型都可以设置该值，在这一SOC区间，电池既能保持在一个舒适的环境下，续驶里程也不至于缩水太多，对延长电池寿命还是很有帮助的。

问题176 长期用直流快充会不会缩短电池寿命？

答案是肯定的：会！

众所周知，电动汽车主要有两种充电模式：直流快充和交流慢充。无论是快充还是慢充，都是在外部电能的作用下，将电芯正极的锂离子迁移到电芯负极的过程，而快充和慢充的区别其实很简单，就在于充电过程中电芯正极锂离子Li^+迁移速度的快慢。

有人形象地将锂离子充电过程比喻成倒啤酒，倒啤酒的速度越快，啤酒杯装满的速度也越快，但是酒杯很容易就出现翻倒、溢出等问题；反之，倒的速度慢，装满的速度就慢，酒杯就越稳，而且不容易溢出。实际上，负极析锂、大倍率电流造成的高温等问题，都是大功率直流快充对电池包造成的负面影响。

据统计，一直用直流快充会让电池寿命比一直用慢充短一半甚至三分之二。比起快慢充，每次用到电量很低再充应该更伤电池，建议充电区间在30%~80%，80以后涓流充电很慢。"浅充浅放"有助于减缓电池的衰减速度，即让"电池少食多餐"要比每次"用光电池再充电"更健康。

因此，条件允许的情况下，用交流慢充才是纯电动汽车充电的正确打开方式。用户应尽可能用慢充且做到"浅冲浅放"，这样不仅有利于提升电池包安全性、寿命、电芯一致性，还有利于稳定电池包的容量。

> **拓展阅读** 中国科学院院士、清华大学汽车安全与节能国家重点实验室主任欧阳明高教授曾公开表示，未来在乘用车充电方面，主体是慢充，只有大约20%的情况下需要快充，这部分主要是应急快充。他认为，快充最大的优势就是节省时间，但是快充温度高，加快化学反应，使锂离子与电解液产生反应，会产生不可逆的活性锂损失，可能加速电池的衰减。目前使用电池策略上，不争时间的情况下，建议优先采用交流慢充。

日常生活中难免会遇到不得已用直流快充的情况，尤其是以运营为主的运营类乘用车，快充基本是难免的，因为交流慢充的时间成本太过高昂。对于不得不经常采用直流快充的用户而言，我们建议增加检修的频率，并且及时到维修站点做一些电芯均衡和保养等工作，虽然这样做对寿命衰减起到的作用比较小，但起码能在一定程度上消除电池的安全隐患。

问题 177　充电速度到底是被什么因素限制住了？

在当下，电动汽车普及的阻碍之一便是充电速度慢，而充电速度又与电池特性、电池容量、外围设备这三个方面的因素有关，如图8-10所示。

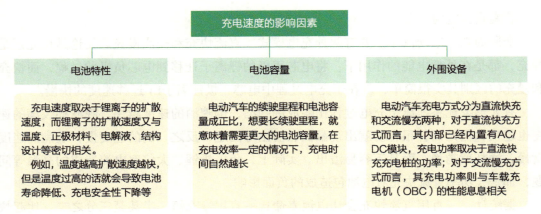

图 8-10　充电速度的三大影响因素

简单来说，给电动汽车动力电池充电就像是拿水桶打水一样，如果水池小，而且水流速度大，自然耗时会越短，反之耗时就越长，如图8-11所示。

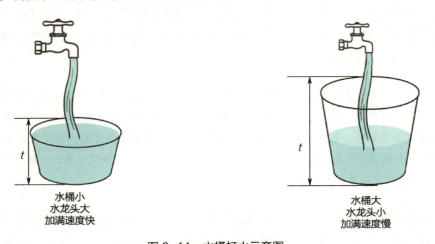

图 8-11　水桶打水示意图

问题 178　电池反复充电会过热从而引发火灾或者爆炸吗？

一般而言，反复充电的情况下，引起过热的概率并不算高。

现如今，电池生产一致性以及电池管理系统的程序设定已经比较成熟，安全系数已经可以保持在较高水准，而且完善的冷却系统是电动汽车的必备设计，在实际充电过程中，一直都会有冷却系统在工作，特殊情况下甚至会开启空调压缩机通过制冷剂为电池降温。即便是上述冷却方式全部失效而导致温度过高时，电池管理系统也会停止充电，从而不太容易到起火爆炸的那一步。

问题179 什么是"锁电"？

锁电指的是通过电池管理系统（BMS）降低单体电池的最高电压，其结果就是电池的可用容量减小，续驶里程下降，伴随而来的往往还有充电速度的降低。

这样做的根本原因，其实还是电动汽车的初始设定中放电深度过高，而BMS的能力又比较有限。

例如，一块电池包的额定容量是500km续驶里程，如果采取保守的策略，可以为提高电池的寿命同时降低自燃的风险而将电池的放电量设置在425km，这意味着锁电15%（有75km续驶里程对应的电量被"锁"在了电池包里面）；如果采取激进的策略，将电池的放电量设置在475km，这意味着锁电5%（有25km续驶里程对应的电量被"锁"在了电池包里面）。那么，相同的电池包，消费者的实际续驶里程会有比较大的差异，与此同时，感知成本也存在比较大的差异，显然激进型策略对于车企会更有利，毕竟，续驶里程的提升可以让产品更有竞争力，当然，产生热失控事故的概率也会大一些。而为了保证激进型策略的电池包同样能达到保守型策略的电池包的安全性，部分车企会通过OTA的形式进行"暗箱锁电"，在消费者不易察觉的情况下将电池包的放电量也设置在425km，从而减缓电池衰减，防止电池包出现热失控等故障。两者对比如图8-12所示。

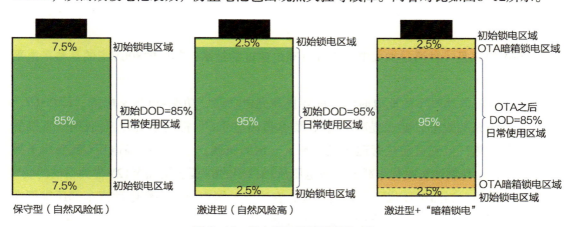

图8-12 保守型和激进型设置对比

但这就意味着"暗箱锁电"10%，对于消费者而言，会导致车辆的实际续驶里程缩水，整车产品达不到购买时的技术水平。这就相当于买了一斤肉结果拿回家一称，只有九两。但此时钱已经付了，车也已经买到家了，车企的操作又非常隐蔽，相当于消费者吃了暗亏。

问题180 如何才能快速为电动汽车"补能"？

对于电动汽车而言，想要快速补充电能，目前有两种方案：超级快充和换电，如图8-13所示。

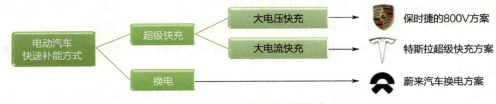

图8-13 电动汽车快速补能方式

其中，保时捷的800V方案可实现最大350kW的充电功率，只需5min就可以增加100km续驶里程；特斯拉超级快充方案是480V电压，但可提供最大250kW的充电功率，最快充电15min即可获得大约250km的续驶里程；蔚来汽车NIO Power换电方案可以在4~5min内完成换电，这意味着在一首歌的时间内可以增加500~600km的续驶里程。

综合来看，在当下换电方案由于存在盈利模式、标准统一等问题而没有得到大规模的普及，超级快充尤其是大电压快充方案被更多车企选择。

问题181 "800V 快充"到底有多快？

800V快充是一种通过加大电压以提升充电速度的技术，其中的800V指的是整车电平台的标称电压。

想要缩短电动汽车的充电时间，就要提高充电功率，功率=电压×电流，即$P=UI$。想要提高快充的效率，要么提高电流I，要么提高电压U。提高电流I，会遇到最直接的一个问题：热！但到目前热管理已经达到了一定的瓶颈，于是，提高电压U就变成了另一条道路，这与燃油车时代车载蓄电池电压从1912年的6V逐步增加至12V再到目前的48V道理是一样的。当然电压也不是越高越好，在当下，国内外大多数电动汽车都还徘徊在250~450V的电压等级，目前能投入使用的最高电压是800V。

相同配置下，800V快充既能提高充电效率、缩短充电时间，又能避免电流过高带来的热管理问题，让充电时间更加接近于燃油车的加油时间，所以800V快充便成了许多车企趋之若鹜的技术。当然，采用800V电压平台也意味着车企需要在三电技术、三电核心功率器件上进行一定程度的软硬件升级。图8-14所示为现代E-GMP平台的400V/800V双规快充系统，最高达到350kW，能在5 min增加100km续驶里程，18min充至80%。

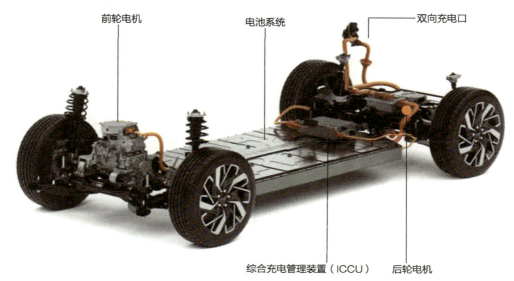

图8-14　现代E-GMP平台的400V/800V双规快充系统

> **拓展阅读**　汽车行业内最先量产800V高电压平台的车企是保时捷（图8-15），旗下的Taycan已经将最大充电功率提升到了270kW，可以在22.5min内将Taycan Turbo S容量93.4kW·h的动力电池从5%充至80%，以提供300km的续驶里程，而随着后续电池技术的进步，这一系统还有扩展至400~500kW的能力。

图8-15　保时捷800V尊享充电站

问题182　谁在拖"800V快充"的后腿？

800V快充可以有效缩短充电时间，解决电动汽车普及路上的一大难题，但目前技术还不算很成熟，主要受6个方面的限制，如图8-16所示。

图 8-16　800V 快充的限制因素

（1）电池系统

电池电压的提高在提高电池性能的同时，也会导致电池正极材料、电解液等稳定性的降低，有可能引发负面作用，严重情况下甚至可能影响电池的循环性能。

（2）电驱系统

充电平台电压的提升，在提高电驱系统的功率密度、电驱效率等的同时，也将带来高压安全和高压环境下电磁兼容性的风险。

（3）高压线束系统

800V高电压平台可以降低整车电流，而在电流降低之后，线束线径便可以减小，发热量降低，重量也因此而减小。但目前市面上大部分量产的线束及插接器基本都只面向500V，更高电压的线束及插接器还有待普及。与此同时，为了实现极速快充，充电功率超过200kW时通常需要液冷式充电电缆，但目前业内还缺乏如何将液冷电缆纳入电气规范的既定协议，并且，液冷式充电电缆过于笨重，也将给消费者的使用带来麻烦。

（4）部分核心零部件

在应用800V高电压平台之后，包括空调压缩机、PTC等在内的大部分高压零部件都需要重新开发、设计以匹配高电压平台，开发周期长，费用高。

（5）半导体器件

在当下500V以内的电压平台上，控制能源转换与传输的车用功率模块的核心半导体器件是硅基IGBT，但在800V电压平台上，SiC可以使模块和周边元器件小型化，推动汽车轻量应用。在提升续驶里程、缩短充电时间等方面，SiC也起着重要作用。但目前SiC功率器件的成本约为Si基IGBT的3~5倍，规模应用是推动SiC成本迅速下降的关键。

（6）配套设施

800V高压快充的实现，需要电动汽车和充电桩两端都同时具备800V的承载能力，并且还需要电网配合进行增容以满足充电功率的要求。

> **拓展阅读** 以保时捷Taycan为例，当电压从400V提升到800V之后，电流相应降低了一半，所需的高压线束的截面积也降低到原来的50%，仅在线束上就实现了4kg的减重。图8-17所示为保时捷Taycan的高压架构及高压线束分布。

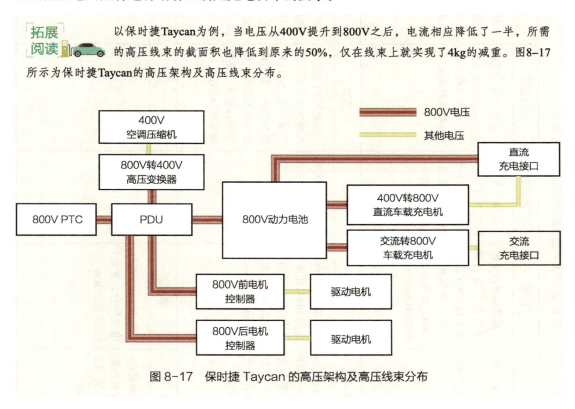

图 8-17　保时捷 Taycan 的高压架构及高压线束分布

问题183　目前"800V 快充"有何进展？

目前来看，除了保时捷最早发布了支持800V快充的车型Taycan之外，包括大众、奔驰、奥迪等在内的多家海外品牌/合资品牌，包括比亚迪、长安、长城、岚图等在内的多家自主品牌，以及理想、小鹏、零跑等多家造车新势力品牌，均已经将800V快充技术的开发和应用提上日程并已陆续发布了相关的规划，具体见表8-2。

表8-2 汽车行业800V快充技术研发盘点

		比亚迪	长安	长城	广汽埃安	北汽极狐	东风岚图	吉利
自主品牌		全新e平台3.0,搭载800V高压充电技术,旗下车型海豚实现了充电5min补能150km	发布800V电驱平台,最大支持300kW,充电10 min补能200km	高端品牌沙龙旗下首款车型机甲龙支持800V超级快充,峰值电流600A,充电10 min补能401km	发布880V高电压平台,最大充电功率480kW,充电5 min补能200km	将在全国一线城市建立360kW功率的24座专属超充站和16座目的地站	布局800V高压快充,最高支持350kW,充电10min补能400km	SEA浩瀚智能进化体验架构搭载800V电压平台,最大支持350kW,充电5 min补能120km
		保时捷	大众	奥迪	宝马	奔驰	现代起亚	通用
合资/海外品牌		最早发布支持800V高压架构的车型Taycan,充电功率270kW, 22.5 min内将电池从5%充到80%	大众"Trinity三一计划"——SSP可扩展系统平台支持800V高压,首台电动车型预计将于2026年首次亮相	发布PPE平台,支持800V高压,直流充电峰值功率达到270kW,充电10 min补能300km	开发可快充的NK1平台,支持800V高压,最高350kW	奔驰基于EVA2的车型EQS目前可以实现充电15min补能250km,发布奔驰MMA架构,支持800V超充,最大功率超200kW	E-GMP平台支持800V高压,已经量产的IONIQ 5充电5 min可补能近100km	发布BEV3模块化通用平台,支持400V/200kW和800V/350kW
		理想	小鹏	零跑				
造车新势力		纯电车型将采用800V架构,最大功率400kW,将充电时间缩短至10~15min	在新车型小鹏G9上实现800V高压碳化硅平台,充电5 min补能200km	发布800V高压电气平台,充电5 min补能200km				

问题 184　什么是纯电动汽车的换电模式？

除了快充之外，另一个为电动汽车快速补能的方式便是"换电"。顾名思义，换电便是为电动汽车更换电池包以让车辆达到迅速满电的状态。这类似于十多年前许多人买手机会配两块电池，第一块电池没电了之后，更换为另一块电池使得手机恢复满电状态，同时将没电的电池进行充电以备下一次换电使用。

以蔚来汽车换电方案为例，在具体操作上，先将电动汽车开到指定的换电站，然后通过视觉融合技术进行全自动泊车，将车辆泊入换电平台，随后驾驶员无需下车通过大屏启动换电。系统通过自动化的方式将电量不足的电池更换为满电的电池，随后便进行三电自检以确保整车和电池始终处于最佳状态。从车辆进入等待换电状态到自检完成的过程均为全自动操作。蔚来汽车换电站如图8-18所示。

二维码视频 8-1
蔚来汽车换电站视频

图 8-18　蔚来汽车换电站

除蔚来汽车之外，包括吉利、上汽通用五菱在内的多家车企也陆续宣布了换电技术相关的未来规划。

问题 185　什么是纯电动汽车的无线充电？

在介绍纯电动汽车的无线充电之前，我们先来了解一下无线充电的实现方法。简单而言，有四种方式：电磁感应式、电磁共振式、无线电波式和电场耦合式，具体原理如图8-19所示。

电动汽车的无线充电一般指的是电磁感应式或磁共振式无线充电，其原理和手机无线充电一样，先给电动汽车电池包加装电磁感应线圈，然后将汽车驶入指定位置进行充电即可，原理如图8-20所示。这种无线充电系统结构对于能量发射机构（地面发射线圈）和能量拾取机构（车内接收线圈）的相对位置要求比较高，如果位置偏移较大，将会严重影响电能传输效率。

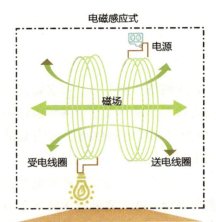

电磁感应式：初级线圈一定频率的交流电，通过电磁感应在次级线圈中产生一定的电流，从而将能量从传输端转移到接收端。手机无线充电便是其中的一种，缺点在于当无线充电设备离充电座较远的时候，其传输效率和功率会急剧下降

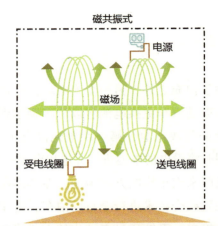

磁共振式：主要通过磁振器，发出同样的共振频率式能量转移。磁振器是由小电容并联和串联的电感线圈组成。相比电磁感应式方案而言，磁共振式充电距离更长（可达数米）、充电效率更高，还可以实现一对多充电方式

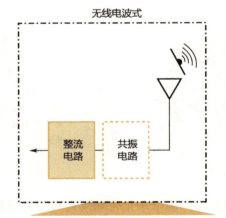

无线电波式：将环境电磁波转换为电流，并通过电路传输电流。无线电波式充电输送距离可达10m以上，可实现随到随充，但由于充电功率较小、转换效率低，充电时长较长

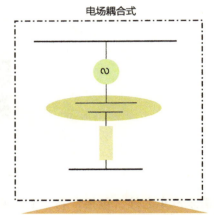

电场耦合式：通过充电座和电器之间形成的高频电场，即利用通过沿垂直方向耦合两组非对称偶极子而产生的感应电场来输出电力

图 8-19　四种无线充电形式

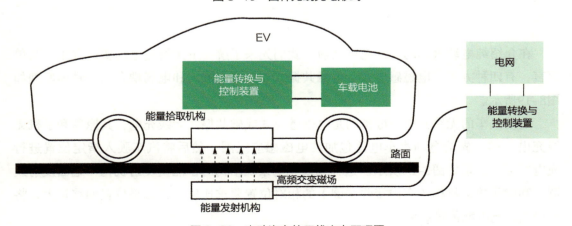

图 8-20　电动汽车的无线充电原理图

图8-21所示为宝马推出的搭载磁共振式无线充电技术的宝马530e。

二维码视频 8-2 宝马汽车无线充电视频

图 8-21 搭载无线充电技术的宝马 530e

以2019款宝马530e为例,首先,需要在地面指定位置安装GroundPad充电设备,在车辆上需要配备CarPad充电模块(图8-22)。该无线充电系统的额定充电功率为 3.2 kW,能量转化效率可达85%,据了解,为该试点项目所定制的宝马5系插电混动车型可在 3.5h 内充满电。

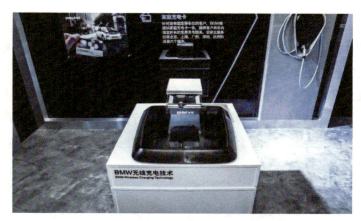

图 8-22 宝马 CarPad 无线充电模块

宝马公司透露,驾驶员只需将车停在自家车库的指定位置便可充电,但对停车精度有较高要求,纵向偏离不高于 7 cm,横向偏离不高于14 cm,当驾驶员将车停在安装在地面的充电垫上后,按下汽车内的按钮即可开始充电。由此可见这对驾驶员停车技术要求还是很高的,有研究表明,在没有其他任何帮助的情况下,驾驶员停车时平均横向距离偏差大于70cm,只有5%的驾驶员能够很好地把电动汽车停在合适的充电位置。从这个角度而言,能量发射机构和能量拾取机构之间的位置偏移成为了电动汽车无线充电系统被广泛应用的主要障碍。

拓展阅读 中国汽车品牌智己汽车于2022年4月发布的IM L7搭载有11kW的无线充电系统，充电效率约为有线充电的91%，并具备活体检测（如猫、狗等）和金属异物（如钉子、硬币等）探测功能，可以在露天环境、地库环境下使用，如图8-23所示。

图8-23　智己L7全程无需"插手"的11kW整车无线充电

问题186　什么是纯电动汽车的移动充电？

电动汽车的移动充电指的是电动汽车在路上巡航时进行充电，如图8-24所示，一般而言分为接触式和感应式两种。

其中，接触式移动充电指的是在电动汽车的底部安装一个接触点，然后通过接触点与路面上的充电元件进行物理上的连接，从而进行能量的传输；而感应式移动充电则用感应线圈取代了接触点，路面上的充电元件通过感应的方式与电动汽车进行能量的传输。

图8-24　移动充电路面

对于移动充电而言，无论是哪种形式，都需要在规划好的路基上埋入充电原件，然后再让车行驶在上面就行了。

拓展阅读　2020年8月，一家以色列的初创公司 Electreon Wireless 在以色列的特拉维夫铺设了世界上第一条"无线充电公路"。这条无线充电公路全长 2 km，在特拉维夫大学和火车站之间，可以为行驶中的电动汽车进行无线充电，如图8-25所示。这条无线充电公路是通过嵌在沥青中的铜线圈系统来对过往车辆进行充电的。

图 8-25　以色列铺设的世界上第一条无线充电公路

问题 187—200

第9章
新能源汽车的现状和未来

问题 187 新能源汽车的保值率怎么样？

汽车的保值率大多与品牌定位、口碑、产品力、售后服务等因素有关，其计算公式如图9-1所示，新能源汽车亦是如此。

图 9-1 新能源汽车保值率计算公式

相比燃油车而言，新能源汽车在市场上的保值率一直不太稳定，市场保有量比较少，二手车市场在规模上还无法构成十分完整的价格体系，这是当下的实际情况。具体来说，新能源汽车的保值率主要与5个方面的因素有关，如图9-2所示。

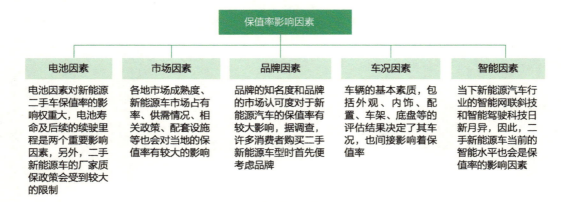

图 9-2 新能源汽车保值率影响因素

我们可以结合一些数据对新能源汽车的保值率阐述一个初步的概念。从中国汽车流通协会和精真估联合发布的2021年中国汽车保值率报告来看，新能源汽车整体保值率有所上升,并且,在保值率报告中,出现了越来越多的自主汽车品牌。表9-1和表9-2分别是2021年度新能源汽车一年保值率排行榜和2020年度新能源汽车一年保值率排行榜。

表9-1 2021年度新能源汽车一年保值率排行榜

纯电动汽车保值率排名				插电混动汽车保值率排名			
排名	品牌	车系	保值率	排名	品牌	车系	保值率
1	五菱	宏光MINIEV	85.85%	1	保时捷	Cayenne E-Hybrid	99.82%
2	特斯拉	Mdel X	85.13%	2	宝马	宝马X5插电混动	81.78%
3	保时捷	Taycan	82.41%	3	比亚迪	汉DM	81.47%
4	比亚迪	汉EV	79.57%	4	路虎	揽胜运动版 插电混动	80.48%
5	小鹏汽车	小鹏P7	79.31%	5	奔驰	奔驰E级 插电混动	79.03%
6	蔚来	NIO ES6	78.21%	6	宝马	宝马5系 插电混动	76.59%
7	蔚来	NIO EC6	77.33%	7	荣威	ei6 MAX	74.76%
8	奇瑞新能源	小蚂蚁	76.73%	8	比亚迪	唐DM	74.62%
9	蔚来	NIO ES8	74.92%	9	大众	蔚揽 插电混动	74.46%
10	荣威	科莱威CLEVER	73.58%	10	奥迪	奥迪A6L插电混动	74.21%
11	特斯拉	Model S	73.49%	11	比亚迪	宋MAX DM	74.05%
12	欧拉	欧拉黑猫	73.03%	12	荣威	RX5 ePLUS	73.71%
13	特斯拉	Model 3	72.80%	13	领克	领克02 PHEV	72.56%
14	荣威	荣威Ei5	71.42%	14	大众	迈腾GTE插电混动	72.00%
15	比亚迪	比亚迪e2	71.38%	15	比亚迪	宋Pro DM	71.85%

表9-2 2020年度新能源汽车一年保值率排行榜

纯电动汽车保值率排名				插电混动汽车保值率排名			
排名	品牌	车系	保值率	排名	品牌	车系	保值率
NO.1	特斯拉	Model X	90.21%	NO.1	保时捷	保时捷Panamera插电混动	102.04%
NO.2	特斯拉	Model 3	77.99%	NO.2	宾利	添越PHEV	88.99%

(续)

纯电动汽车保值率排名				插电混动汽车保值率排名			
排名	品牌	车系	保值率	排名	品牌	车系	保值率
NO.3	特斯拉	Model S	76.37%	NO.3	保时捷	保时捷Cayenne插电混动	82.56%
NO.4	蔚来	蔚来ES6	73.50%	NO.4	宝马	宝马X5新能源	76.87%
NO.5	特斯拉	Model 3（进口）	73.15%	NO.5	宝马	宝马i8	76.44%
NO.6	奔驰	奔驰EQC	68.85%	NO.6	宝马	宝马5系 插电混动	73.54%
NO.7	蔚来	蔚来ES8	68.41%	NO.7	奔驰	奔驰E级 插电混动	72.66%
NO.8	比亚迪	元EV	67.51%	NO.8	奥迪	奥迪Q7插电混动	71.48%
NO.9	荣威	Marvel X	63.46%	NO.9	奔驰	奔驰GLE级 插电混动	69.40%
NO.10	几何汽车	几何A	63.70%	NO.10	荣威	RX5eMAX	68.90%
NO.11	江淮	江淮iEVA50	61.15%	NO.11	比亚迪	宋Pro DM	68.65%
NO.12	长安	逸动EV	60.49%	NO.12	沃尔沃	沃尔沃XC90插电混动	68.11%
NO.13	广汽新能源	埃安Aion S	60.26%	NO.13	大众	蔚揽 插电混动	67.82%
NO.14	名爵	名爵EZS	59.73%	NO.14	吉利	星越PHEV	67.57%
NO.15	日产	轩逸纯电	59.57%	NO.15	奥迪	奥迪A6L插电混动	67.56%

目前来看，我国新能源汽车在整个车市中的占比还不高，加上新能源汽车大规模迭代的时间还在进行中，尤其是纯电动汽车，动力电池会随着里程的增加而减弱，冬季电池续驶里程缩水，因此新能源汽车整体的保值率都不高，使用三年后的电动汽车就此出售的话，价格大多都会低于原价的50%。插电混动汽车与纯电动汽车则完全不同，电池是会老化，但插电混动车型还有发动机来做支撑，就算是电池续驶里程有所缩短，对车辆的整体影响不大，所以插电混动汽车的保值率相对就会高很多。

问题188 新能源汽车故障率高不高？

小到故障"趴窝"，大到冒烟起火，屡屡见诸报端的新能源汽车事故，使得不少人心中都有一种"新能源汽车故障率很高"的印象，再加上充电和续驶里程等问题一直刺激着市场，使得很多人对新能源汽车退避三舍。那么，真实的情况是怎样的呢？

我们先来看看新能源汽车和燃油车的故障率对比。

在对比之前，我们先了解一个概念：新车百车故障数（PPH），它是指拥车期在1~12个月的新车平均每百辆车的故障数，包含故障、异响、使用不便等问题。百车故障数值越小，便代表质量越好。

根据汽车之家发布的最新数据，2021年新能源品类平均PPH为140，考虑在2020年新能源汽车的PPH还处在204的高位，相比之下提升还是较为明显的。再看非新能源汽车，2021年的平均PPH为135，2021年的平均PPH为155，确实比新能源汽车稍低一些，如图9-3所示。

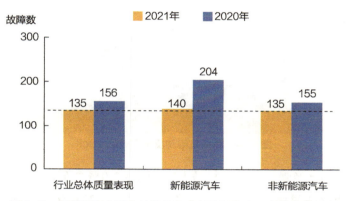

图9-3 新能源汽车百车故障数与非新能源汽车百车故障数对比

但考虑到数字上的差距确实并不算大，差值仅有5，如此来看，新能源汽车实际故障率确实比燃油车多了一些，但也并没有高到"令人发指"的程度。

聚焦新能源汽车出现故障的这些问题，我们也能发现另一个点：新能源车的故障，往往是相当尖锐的。

在新能源品类有关产品的实际故障中，动力电池故障首当其冲。具体表现多为充不进电、电池温度高、绝缘降低等，均是质量问题的重灾区，由此来看，电池已经成为纯电动汽车所面临的最大威胁和发展阻碍。

与此同时，空调系统以及座舱内一系列的功能操作也是新能源产品投诉的另一个关键点。这部分问题比较多也好理解，空调系统由燃油时代的机械式压缩机转换成电动压缩机或者热泵空调系统，而座舱内的功能操作则是在智能网联大趋势下智能座舱诸多新功能的体现，新技术点的应用总是需要时间来优化和补充的。

值得庆幸的是，经过多年的发展，一大批新能源汽车的质量改善还是很明显的，当然，技术的成熟和逐步迭代也是重要影响因素。考虑到在2022年新能源市场竞争进一步升级，这种质量表现大方向还是向好发展的。在未来，新能源汽车的故障率低于燃油车的市场表现也更值得期待。

问题189 越野车能全面电动化吗?

越野车是一个关注度很高的细分车型,汽车行业既然要走向全面电动化,那么,越野车的电动化也就是早晚的事情。

2022年4月,千呼万唤始出来的特斯拉电动皮卡Cybertruck终于露出真容,如图9-4所示,特斯拉发布了它的量产版车型,并准备在2023年正式投产。

二维码视频9-1
特斯拉电动皮卡
Cybertruck视频

图9-4 特斯拉电动皮卡Cybertruck

而在此前,Jeep已经曝光了电动牧马人Magneto 2.0概念车;福特Bronco电动版的开发也在进行中;更早些时候,悍马EV已经发布,预计2023年交付(图9-5);奔驰EQG推出了概念车,电动版"大G"即将登场;就连国产的东风汽车,都成立了专注于高端电动越野车的M事业部。看得出来,各大车企对于电动越野车都是兴致勃勃。

图9-5 悍马EV电动越野车

就功能而言,燃油越野车能做的,电动越野车也都能做。电动越野车的确更安静,但这不代表它不能越野。因为越野靠的是转矩,说得更准确一点,它更依赖的是低速转矩,这与它的脱困能力息息相关。刚巧,这个也是电动汽车的拿手好戏,它在刚起步时就能达到最大转矩，脱困能力一点也不亚于燃油版的越野车。

除此之外，燃油越野车的高底盘、高通过性、强悍的动力性能、强大的四驱系统等，电动越野车上一个都不缺，甚至有可能做得更好。就以动力性能为例，与燃油车相比，电动汽车在动力上的优势显而易见，它的最大功率往往比同级别燃油车都要更大。换句话说，燃油越野车能做的，电动越野车都能做到，而且做得更好。

但是，这并不代表电动越野车没有劣势，现阶段，电动越野车最大的短板便在于：续驶里程不足且补能不便。对普通电动汽车来说，续驶里程焦虑的问题虽然也存在，但并不致命，而且，随着充电站、充电桩越来越普及，这个麻烦会越来越小。但越野车是跋山涉水用的，喜欢玩越野车的，有些人醉心大漠孤烟，有些人钟爱深山老林，有些人喜欢在冰上打转，这些地方有一个共同特点：基础设施差。

如果开一款燃油越野车，只需要提前规划好路线，找好加油站，无人区也敢闯；但如果是电动越野车的话，基础设施稍微差一点的地方可能就不敢跑了，因为很容易抛锚在野外。而且，在当下很多电动汽车都存在续驶里程虚标、冬季续驶里程缩水等问题，这就决定了电动越野车的车主不可能像燃油车车主那样，根据表显里程去规划路线，如此一来，就大大限制了其活动范围。

从这个角度来看，只要充电难、充电慢的问题无法解决，越野车就没办法实现全面的电动化。

问题190 新能源汽车电池"退役"后如何处理？

和旧手机回收一样，新能源汽车的废旧动力电池也是能变废为宝的。具体来说，新能源废旧动力电池（又称"退役电池"）可以分为两个环节：梯次利用和拆解回收。

（1）梯次利用

梯次利用是将废旧动力电池用于较低要求的场合，以发挥其剩余寿命。

在这里，我们首先得弄清楚一个概念：动力电池报废。所谓的报废，其实指的只是内部的化学活性下降，不能满足电动汽车的正常需求，但这并不是说这样的动力电池在别的地方不能用了，在一些低耗能领域，电动汽车用不上的废旧动力电池仍能发挥巨大作用。

我们平常所见到的用于电动汽车的动力电池，都是以电池包或者电池组的形式存在的，它首先可以拆解成电池模块，服务于一些需要它的地方；然后还可以拆解成电池单体，再进行利用，这个就叫梯次利用。

2021年8月，工信部、科技部、生态环境部、商务部、市场监管总局联合发布了《新能源汽车动力蓄电池梯次利用管理办法》，给废旧动力电池的"变废为宝"指出了明路。例如，它可以用作某些可再生能源发电站的储能系统上，可以用于给通信基站备电等，这些都是绝对不能断电的地方，但用电动汽车级别的动力电池又太浪费，报废电池刚好有用武之地。废旧动力电池梯次利用方向如图9-6所示。

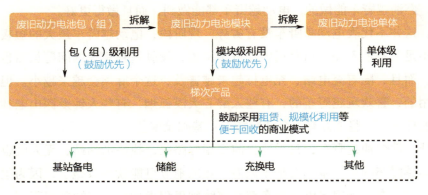

图9-6 废旧动力电池梯次利用方向

（2）拆解回收

针对部分衰减到一定程度无法梯次利用的废旧动力电池，以及被梯次利用完之后的电池，我们依然可以将其拆解并从中提炼出贵金属等，将其"变废为宝"，这就是拆解回收。

从某些商品中提炼出贵金属，这是很常见的操作。旧手机可以提炼贵金属，动力电池当然也可以，并且有两个层面的意义。

1）二次利用。在当下，动力电池的成本之所以居高不下，原因之一便是它们的正极材料太贵。钴、镍、锰等都是地球上储量比较少的贵金属。以金属钴为例，这几年电动汽车的销量出现爆发性增长，对金属钴的需求直线上升，而目前全世界50%的钴都出自刚果（金），这已经成为全球最稀缺的战略性资源之一。

2）环境保护。动力电池报废后会污染环境，这是电动汽车反对者们最常用的"论据"之一。其实，只要我们合理规划，对废旧电池中的钴、镍、锰等贵金属进行提炼、回收利用，不但可以实现变废为宝，还可以达到环境保护的目的。

拓展阅读 在国内，宁德时代已经与部分车企携手打造"电池生产→使用→梯次利用→回收与资源再生"的生态闭环，如图9-7所示。同时，宁德时代与巴斯夫欧洲达成战略合作，聚焦正极活性材料及电池回收领域，推动宁德时代在欧洲的本土化进程，开发可持续发展的电池价值链，助力实现全球碳中和目标。

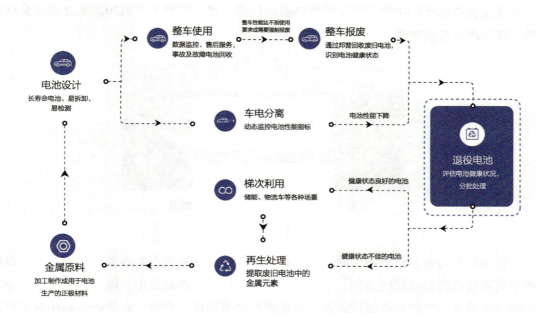

图 9-7　宁德时代"电池生产→使用→梯次利用→回收与资源再生"生态闭环

问题191　纯电动汽车是"真环保"还是"伪环保"?

如果要问当今汽车市场的大趋势是什么,从各国政府到每一个普通人,都会说出"电气化"三个字。的确,从中国到美国再到欧洲,电动汽车越来越受到市场的欢迎。

不过,现代化的电动汽车终究是一件新事物,依然存在许多未知的困境。例如,从汽车的生产到电力的生产,直到电池的报废,在全产业链过程中,纯电动汽车到底是"真环保"还是"伪环保",这个问题我们需要结合汽车从生产到报废的全流程来看。

(1) 整车生产

其实从产业链前端开始,不管是燃油汽车也好、新能源汽车也罢,从生产开始就无法避免污染。在车身生产、装配方面,电动汽车与燃油汽车所产生的污染基本上是一样的,如生产钢铁时排放的各种气体、车身涂装过程中产生的各种有害物质,可以说没有太大的差别。不过,随着节能减排的趋势到来,现在也有很多"清洁工厂",如沃尔沃、极星等品牌的环保工厂,就致力于抵抗生产源头的污染。

在生产沃尔沃XC40、XC40 Recharge等纯电动汽车的沃尔沃台州工厂内,通过采用环保材料、循环利用废弃物等措施,能有效降低车辆生产过程中的环境污染,如图9-8所示。台州工厂95%以上的原物料包装采用可循环使用的周转箱;与此同时,通过直购绿电、采用光伏进行自有发电等措施,也可以有效提升清洁能源利用率;在供热系统上,沃尔沃也在考虑使用生物质能源或绿电驱动供热，这也有助于其到2025年之前在全球范围实现生产运营端碳中和。

图9-8　沃尔沃汽车台州工厂俯瞰图

（2）电池生产

燃油汽车与电动汽车最大的不同之处，在于电动汽车拥有大容量的动力电池。以国内主流磷酸铁锂和三元锂为例，它们从原料到极片的生产过程中，除了三元锂电池中的钴酸锂还是有一定的重金属污染外，其余相对较为环保。当然，在生产过程中也不可避免地会产生一些难以处理的废水，如磷酸铁锂电池的过程中，清洗设备水、冷却水、地板清洗水和一些原料废液中存在不溶性物质、可溶性有机物和有害物质。

另外，电池的电解液也是大家关注的一个问题。液体内的溶剂主要是环状/链状碳酸酯或者羧酸酯，溶质主要是锂盐六氟磷酸锂，添加剂主要是成膜添加剂、阻燃添加剂、导电添加剂、改善低温放电添加剂。如果电池生产企业不注意控制污染的话，那必然会出现高污染问题。

不过，目前很多电池生产企业通过对生产工艺的改进，也能优化这一问题。例如，国内规模最大的动力电池生产厂商宁德时代就采用了绿色生产的方式，旗下的四川宜宾工厂在2022年3月获得全球认证机构SGS颁发的PAS2060碳中和认证证书，成为"全球首家电池零碳工厂"，如图9-9所示。这个工厂将清洁的水电作为工厂能量的主要来源，每年可减少40万t碳排放，在制造过程中产生的废料可以全部投入回收利用，镍、钴、锰等贵金属回收率可达99.3%，对污染起到了很好的控制作用。

图9-9　"全球首家电池零碳工厂"——宁德时代四川宜宾工厂

(3) 用车过程

仅仅从车辆使用过程中的排放来看，道路上的纯电动汽车的确能做到零排放、零污染。但是，这样的"零排放"却是"转嫁"之后的零排放。

没错，在电力的生产与运输过程中，依然会造成不小的污染与损耗。在当下的主流发电形式中，风电和太阳能发电是真正意义上的零污染。但是，就目前来看，存在污染的火电和水电依然是主流的发电方式，在生产火电的过程中，电厂会得到"三废"物质，即废水、废气、废渣。国家统计局公开的信息显示：2021年，我国总发电量在全球排名第一，为81121.8亿kW·h；在发电方式上，火力发电占了大头，达到57702.7亿kW·h，占比高达71.13%。

换句话说，在目前，电动汽车在使用的过程中依然会存在污染，只不过，这样的空气污染并不是像燃油车一样"分散排放"的，而是由电厂统一"集中排放"。

好消息是，我们也不必过于担心电力生产的污染问题，因为在目前的电能产业层面，各大企业也在着力改善发电结构的问题。

2021年，我国风电发电装机容量为32848万kW·h，同比增涨16.6%；太阳能发电装机容量为30656万kW·h，同比增涨20.9%。图9-10所示为2017—2021年全国发电容量细分汇总，从中可以看出，近几年我国发电清洁能源使用的占比越来越高；但由此我们也可以看出，我国在清洁能源发电的利用上还有很长的路要走，目标是在2050年全面实现新能源化。

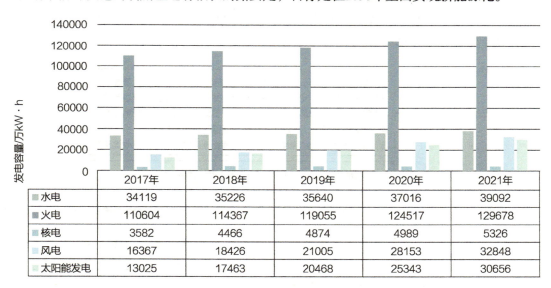

图9-10　2017—2021年全国发电容量细分汇总

值得一提的是，在我国，风能与太阳能资源富裕，风力、光伏发电量可观，将可再生能源发电系统与新能源汽车充电站相结合，即构成了风、光、储一体化新能源汽车充能站，这也有利于解决风光资源存在的弃风弃光、充电对电网冲击明显等问题，同时也能降低充能站的综合运行成本。

（4）车辆报废

"一粒纽扣电池可污染60万L水，等于一个人一生的饮水量；一节电池烂在地里，能够使$1m^2$的土地失去利用价值"，相信这句话许多人都听到过，这并非危言耸听。

无论是我们日常使用的普通干电池，还是手机、汽车使用的锂离子电池，它们都含有汞、锰、镉、铅、锌等各种金属物质，废旧电池被遗弃后，电池的外壳会慢慢腐蚀，其中的重金属物质会逐渐渗入水体和土壤并造成污染，对于新能源汽车的动力电池而言，亦是如此。也就是说，新能源汽车的动力电池也有带来潜在污染的可能性。

不过，我们需要明白一点：在我国，无论是燃油汽车还是新能源汽车，都需要在《报废机动车回收管理办法》的指导内进行。换句话说，如果你想报废车辆，不能仅凭个人之力完成。值得一提的是，2020年7月31日，商务部正式公布《报废机动车回收管理办法实施细则》，并于2020年9月1日起施行。其中重点提出了新能源汽车动力电池的回收利用管理要求，实现全过程安全管理：回收拆解企业应当按照国家对新能源汽车动力蓄电池回收利用管理有关要求，对报废新能源汽车的废旧动力蓄电池或者其他类型储能装置进行拆卸、收集、贮存、运输及回收利用，加强全过程安全管理。

也就是说，新能源汽车在报废时，需要将废旧动力电池单独拆卸并回收。由于动力电池的特殊性，在拆解、运输、回收的过程中若操作不当，可能会引起自燃爆炸、电解液泄漏、有机物废气排放等安全性和环保性问题，因此需要使用专业的设备进行拆解回收，避免发生意外。其具体流程如图9-11所示。

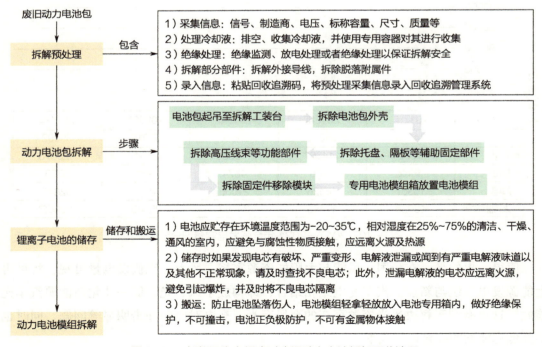

图9-11 新能源汽车报废时废旧动力电池拆卸回收流程

这意味着，即便是纯电动汽车/动力电池进行报废处理，也需要通过规模化、集约化的方式进行。

根据相关统计，我国新能源汽车产量和保有量都已超全球总量的一半。进入2018年后，锂电池组已经逐步进入规模化退役期，预计在2022年，累计退役量将会达到25万t。梯次利用的消耗量已经无法追赶上电池的退役量，因此，各大企业目前需要寻找一种更好的电池拆解回收模式，避免造成环境影响和资源浪费。

整体来看，从全产业链的角度上而言，新能源电动汽车依然会存在一定的污染。但相比于传统的燃油车型，新能源电动汽车在产业链中所产生的污染是更加可控的，并且，趋势也是在逐步变好的。因此，我们相信，在未来更多的相关企业可以通过绿色生产、绿色回收以及绿色电能，来帮助新能源汽车实现真正的节能减排。

拓展阅读　为了实现电动汽车用车过程中真正意义上的零排放，越来越多的企业和机构都在展开相关研究，其中之一就是将太阳能转化为电能的光伏技术的运用。以特斯拉光储充一体化超级充电站为例，其可将阳光转化为电能，通过Powerwall储能设备储存能量，使用储存能量给车辆充电。除了光储充一体化超级充电站，特斯拉还推出Powerwall、光伏屋顶等产品，建立起太阳能"利用、储存、再利用"的清洁能源循环生态链条，如图9-12所示。

图9-12　特斯拉光储充一体化超级充电站

二维码视频9-2
特斯拉光储充一体化超级充电站

问题192　购买新能源汽车有哪些补贴政策？

2021年12月31日，财政部、工信部、科技部、国家发展改革委联合发布《关于2022年新能源汽车推广应用财政补贴政策的通知》（以下简称《通知》），自2022年1月1日起实施，见表9-3。

表9-3　新能源乘用车补贴方案（非公共领域）

车辆类型	纯电动续驶里程R（工况法）/km		
纯电动乘用车	300≤R＜400	R≥400	R≥50（NEDC工况） R≥43（WLTC工况）
	0.91万元	1.26万元	
插电式混合动力（含增程式）乘用车			0.48万元

注：1. 纯电动乘用车单车补贴金额=Min{里程补贴标准，车辆带电量×280元}×电池系统能量密度调整系数×车辆能耗调整系数。
2. 对于非私人购买或用于营运的新能源乘用车，按照相应补贴金额的0.7倍给予补贴。
3. 补贴前售价应在30万元以下（以机动车销售统一发票、企业官方指导价等为参考依据，"换电模式"除外）。

《通知》明确了2022年保持现行购置补贴技术指标体系框架及门槛要求不变（也就是说新能源汽车购置补贴标准的纯电续驶里程条件不变），新能源汽车补贴标准在2021年基础上退坡30%。例如，对于续驶里程≥400km的电动汽车而言，补贴从2021年的1.8万元降低至2022年的1.26万元；对于续驶里程为300~400km的电动汽车而言，补贴从2021年的1.3万元降低至2022年的0.91万元；对于NEDC续驶里程≥50km（或WLTC工况≥43km）的插电式混合动力（含增程式）汽车而言，补贴从2021年的0.68万元降低至2022年的0.48万元。

同时，按照财建[2020]86号文件要求，新能源汽车推广应用财政补贴政策实施期限延长至2022年底。并且，《通知》明确了2022年12月31日新能源汽车购置补贴政策终止，12月31日后上牌的车辆不再给予补贴。

> **拓展阅读**　除了补贴政策外，新能源汽车还有免征车辆购置税政策。2020年，根据财政部、税务总局、工信部发布的《关于新能源汽车免征车辆购置税有关政策的公告》，免征车辆购置税的政策延长至2022年12月31日。2022年8月，国务院常务会议决定，将2022年年底到期的免征新能源汽车购置税政策再延期实施至2023年年底。也就是说，2023年12月31日前购买的新能源汽车依然可以享受免征车辆购置税政策。

问题193　停售燃油车到底是不是大势所趋？

各大车企不约而同地宣布停售燃油车计划，最主要的原因就是因为低碳环保是大势所趋，对此，许多国家已经开始执行更严格的排放法规和碳排放标准。

在欧洲，12%的二氧化碳排放来自于汽车，2007年，欧洲市场上新车二氧化碳平均排放量是158.7g/km。为了进一步减少污染以及改善欧洲市场上汽车的燃油经济性，欧洲环境署在2014年4月24日宣布了针对欧洲汽车工业的最新二氧化碳排放法规，要求2015年欧洲市场上所有新车的二氧化碳平均排放量不超过130g/km；2021年，所有新车的二氧化碳平均排放量不超过95g/km。欧洲汽车工业二氧化碳排放标准变迁史如图9-13所示。

并且，欧盟委员会已提议将2030年的减排目标设定为比2021年减少55%，如果位

图9-13 欧洲汽车工业二氧化碳排放标准

于欧盟境内的汽车公司排放超标，就将面临一笔巨额罚款。而只有电动汽车销量激增，才有可能实现这一目标。

我国则是推出了"双积分"政策，即针对平均燃料消耗量积分（又称油耗积分）和新能源汽车积分并行管理的政策，如图9-14所示。具体来说，如果车企的新能源汽车产量不够，导致积分不足，就会面临停产燃油车的处罚；而积分不足的车企就需要花钱去向其他制造商买新能源积分，而且价格不菲。

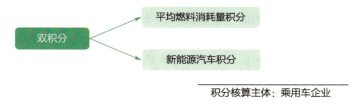

图9-14 "双积分"政策

自2005年开始，我国便开始实施乘用车油耗限值标准，所有在国内市场销售的车型应根据整备质量范围，满足该范围的燃料消耗量限值。在2014年，《乘用车燃料消耗量评价方法及指标》发布，国家开始向企业层面施压，要在满足单车油耗限值的前提下，达到企业平均燃料消耗量要求。按照《国务院关于印发节能与新能源汽车产业发展规划（2012—2020年）的通知》要求，2020年我国乘用车产品平均燃料消耗量目标值为5.0L/100km，但百公里平均燃料消耗实际为5.6L，距标准仍有12%以上的差距。2021年国内已开始执行第五阶段燃料消耗标准，预计到2025年，乘用车平均燃料消耗量将降至4L/100km。图9-15所示为国内车企油耗标准的演变。

图 9-15　国内车企油耗标准的演变

各国法规如此严格，作为车企，当然就必须要选择新能源汽车这一条路。

问题194　插电混合动力汽车会最终消亡吗？

所有的混动车型都是在动力电池技术不成熟、充电设施不完善情况下产生的过渡产品，它看上去有诸多优势，但缺点也十分明显。从各个角度来看，未来都是纯电动汽车的天下。这一点，从政策上我们也可以得到印证。

在北京，插电混动车型可以上绿牌，可以免购置税，但是不享受电动新能源汽车的补贴等待遇；在上海，2021年2月10日上海市五部门发布了《上海市鼓励购买和使用新能源汽车实施办法》，其中指出，自2023年1月1日起，消费者购买插电式混合动力（含增程式）汽车，上海市不再发放专用牌照额度。

插电混动汽车的消亡速度，取决于纯电动汽车的普及速度。

拓展阅读　乘联会秘书长崔东树2022年2月6日发布的全球新能源车市格局报告指出，近几年的纯电动汽车占比提升，2021年度纯电动汽车占比达到了73%，插混份额下降，从2016年的40%下降至2021年的27%，格局逐步出现。世界新能源乘用车的产品结构见表9-4。

表 9-4　世界新能源乘用车的产品结构

标准级别		2016年	2017年	2018年	2019年	2020年	2021年	2021年			
								1季度	2季度	3季度	4季度
纯电动	A00	28%	43%	31%	17%	20%	26%	29%	25%	25%	25%
	A0	19%	20%	18%	18%	18%	14%	13%	15%	12%	14%
	A	36%	25%	31%	40%	29%	23%	19%	24%	24%	22%
	B	1%	1%	12%	18%	28%	34%	35%	33%	35%	33%
	C	17%	11%	8%	7%	5%	4%	4%	4%	3%	5%
纯电动汇总		60%	66%	69%	75%	70%	73%	68%	70%	74%	76%

（续）

标准级别		2016年	2017年	2018年	2019年	2020年	2021年	2021年			
								1季度	2季度	3季度	4季度
插混	A0		1%	2%	3%	3%	3%	4%	3%	3%	3%
	A	50%	61%	57%	47%	41%	54%	48%	55%	57%	54%
	B	35%	24%	27%	31%	39%	31%	33%	29%	30%	32%
	C	13%	13%	14%	18%	17%	12%	14%	12%	10%	10%
	D	2%	1%	1%	1%	1%	0%	0%	0%	0%	0%
插混汇总		40%	34%	30%	24%	30%	27%	31%	30%	26%	24%
氢		0%	0%	0%	0%	0%	0%	0%	0%	0%	0%
总计		100%	100%	100%	100%	100%	100%	100%	100%	100%	100%

问题 195　新能源汽车的普及率目前如何？

整体来看，全球新能源汽车的发展始于混合动力汽车，然后逐步进入纯电动和插混成为绝对主力的时代。2011—2021年，全球新能源车市销量从4万辆增长至650余万辆，呈现出了十分迅猛的态势，如图9-16所示。

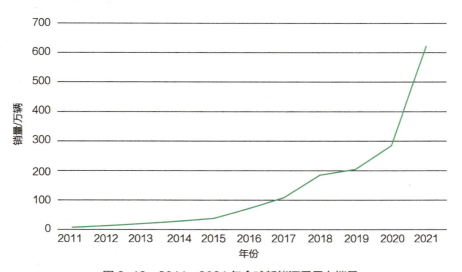

图 9-16　2011—2021 年全球新能源乘用车销量

2021 年全球电动汽车（BEV+PHEV）销量为 650 万辆，占全球乘用车总销量的 9%，其中，85% 的总销售额来自中国（50%）和欧洲（35%）。按照区域分布的情况如

图9-17所示。

从全球各国新能源渗透率来看,各个地区也在持续增长之中,2021年渗透率实现100%的增长,从2020年的4%,增长成为2021的8%,见表9-5。这其中,挪威、瑞典与德国新能源渗透率最高,分别为70%、39%和30%;其次为英国16%、法国14%,中国以13%的渗透率排名第6;对比来看,美国渗透率只有4%,韩国的新能源渗透率为5%,日本更是只有1%!

图9-17 2021年全球电动汽车销量分布

表9-5 全球各国新能源渗透率

新能源渗透率		2016年	2017年	2018年	2019年	2020年	2021年	2021年			
								1季度	2季度	3季度	4季度
中国汇总		1%	2%	4%	4%	5%	13%	7%	10%	16%	17%
亚洲其他	韩国	0%	1%	2%	2%	2%	5%	2%	4%	6%	6%
	日本	0%	1%	1%	1%	1%	1%	1%	1%	1%	1%
	其他	0%	0%	0%	0%	0%	0%	0%	0%	0%	0%
亚洲其他汇总		0%	0%	0%	0%	0%	1%	1%	1%	1%	1%
欧洲	德国	1%	1%	2%	3%	13%	23%	19%	20%	23%	29%
	法国	1%	2%	2%	2%	9%	14%	11%	13%	15%	19%
	挪威	22%	29%	38%	42%	58%	70%	64%	66%	73%	75%
	意大利	0%	0%	0%	1%	3%	7%	5%	6%	7%	10%
	英国	1%	2%	2%	3%	9%	16%	12%	13%	18%	24%
欧洲汇总		1%	1%	2%	3%	8%	13%	10%	12%	14%	18%
北美洲	美国	1%	1%	2%	2%	2%	4%	3%	3%	5%	6%
	其他	0%	0%	1%	1%	1%	2%	1%	2%	2%	2%
北美洲汇总		1%	1%	2%	2%	2%	4%	3%	3%	4%	6%
南半球汇总		0%	0%	0%	0%	0%	0%	0%	0%	0%	0%
总计		1%	1%	2%	2%	4%	8%	5%	6%	9%	11%

接下来，我们再来从欧洲、美国、中国这三个最主要的新能源汽车市场来逐一讲解。

（1）欧洲

欧洲是内燃机的发源地，但新能源汽车的普及势头一点都不弱。在过去的10年之中，欧洲新能源乘用车从2011年的5533辆增长至2021年的207.4万辆，具体如图9-18所示。

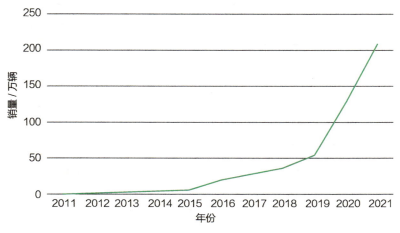

图9-18　2011—2021年欧洲新能源乘用车历年销量

2021年，欧洲18个国家销售的电动汽车数量约为207万辆，欧洲主要国家2021年新能源汽车销量及渗透率见表9-6。其中，纯电动汽车保有量较2020年增长64%，达到119万辆，欧洲电动汽车市场占新车市场的比例超过10%，自2016年以来的五年内增长了约13倍。

表9-6　欧洲主要国家2021年新能源汽车销量及渗透率

国家	新能源汽车销量/万辆	新能源车渗透率（%）	全球市场占有率（%）
德国	69.01	26.32	10.62
英国	32.44	19.69	4.99
法国	31.52	19.00	4.85
挪威	15.75	89.32	2.42
意大利	14.03	9.62	2.16
荷兰	9.88	20.62	1.52
西班牙	7.03	8.18	1.08

有机构预测，2022年欧洲新能源车销量有望达到300万辆，同比增速将达到46%，对应全年渗透率30%，而远期2025年销售量预计将达到600万辆，对应渗透率52%。

（2）北美洲

在北美洲，新能源乘用车销量的快速提升主要依靠以特斯拉为代表的电动、智能化产品。相比较中国市场和欧洲市场而言，其增速较为缓慢，在过去的10年中，北美洲新能源乘用车从2011年的18213辆增加至2021年的69.7万辆，如图9-19所示。

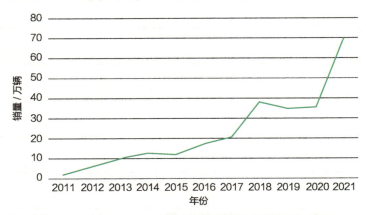

图 9-19　2011—2021 年北美洲新能源乘用车历年销量

其中，美国是北美洲新能源汽车增长最大的市场，也是全球新能源汽车第三大市场。然而，虽然起步早，但目前整体发展趋势较慢，渗透率较低。2021年，美国新能源汽车再次迎来高增长，全年销量65.2万辆，同比增长101.3%，市场渗透率约为4.34%。其中，纯电动汽车销量48.8万辆，同比增长88%，销量占比75%；插电混动汽车销量16.4万辆，同比增长154%，销量占比25%。在大趋势之下，美国市场在售车企也纷纷公布了电动化战略，见表9-7。

表 9-7　美国市场在售车企电动化战略

车企	战略
特斯拉	2030年实现每年销售2000万辆电动汽车
通用	2025年推出30款全新的纯电动车型，再全面增加2700个新的快充站。到2025年在美国和中国的电动汽车年销量超100万辆，在2020—2025年间，将在纯电动车型开发领域投资超350亿美元，预计到2035年停止销售传统燃油车
福特	预计到2023年全球产能提升至60万辆，到2030年全球40%~50%的销量是纯电动汽车
沃尔沃	2030年将只生产电动汽车
Stellantis	2030年公司在美国电动化车型销售占比超过40%
戴姆勒	2030年实现全面电动汽车渗透
丰田	大幅度增加在美电动汽车销量，到2030年预计将达到每年约800万辆

随着政策对相关产业扶持力度的不断加大，美国政府也设立了2030年零排放汽车新车渗透率为50%、2050年达到碳中和的目标。

（3）中国

截至2021年，中国新能源汽车产销量已经连续7年位居全球第一，也成为了世界新能源汽车第一大国，销量从2011年的3582辆增长至2021年的331.3万辆，持续创历史新高，如图9-20所示。

图 9-20 2011—2021年中国新能源乘用车历年销量

2021年中国新能源乘用车销量达331.3万辆，同比增长约为1.6倍，市场渗透率提升至13.4%，高于上年8个百分点。

长远来看，国内新的路线图是2025年将新能源汽车的市场渗透率提高到20%左右，2030年提高到40%左右，2035年提高到50%以上。

问题196 纯电动汽车大规模普及还有哪些障碍？

纯电动汽车大规模普及的障碍，需要从以下几个维度去考虑，如图9-21所示。

（1）整车安全性

由于三电系统的存在，电动汽车的整车安全性一直都是个问题，尤其是电池。不同类型的电池，都有自己的优劣势，而电芯材料的质量可靠性、电池低温情况下的衰减情况、电池包长时间使用之后的续驶里程衰减、电池包的安全防护、电池包的热管理、纯电动汽车的防尘防水、纯电动汽车的碰撞安全、纯电动汽车的高压安全等，这些都是和传统燃油车有差异化的地方，也是当前车企和消费者都极为关注的因素。

图 9-21 纯电动汽车普及障碍

（2）续驶里程

早期的电动汽车续驶里程都不太长，在能量密度一定的情况下，车企通过增大电池容量来解决里程焦虑问题，但是电池尺寸一般受整车尺寸限制，不可能无限扩大。因此，如果要扩大电池容量，就需要提高电池的能量密度，但这也可能会导致电池热风险的增加，需要配套的系统性能进一步提升。而时至今日，电池包的能量密度已经达到了 160~180W·h/kg 的主流水平，市面上越来越多的新能源车可以做到 600km 以上的续驶里程，虽然已接近于燃油车的续驶里程，但依然存在一定的差距，这也是当下的重点研究方向。

（3）充电速度

对于现在的电动汽车来说，慢充一般需要数小时，而即便是快充，充至80%大概要30~60min，而加油一般不超过5min，充电速度依然远远比不上燃油车加油的速度，这对于出行尤其是中长途出行而言，会增加不少的时间成本。目前来看，还没有能够兼顾充电速度和优越性能的动力电池。

（4）配套设施

现阶段，并不是所有的地区都覆盖了充电桩。

从私人充电桩的角度看，有些老旧小区电力没有扩容，甚至没有固定车位，这对于充电桩安装来说还是存在一些难处的。安装的手续繁琐，需征得多方同意，这还只是充电桩申请、安装过程中的许多障碍之一。

从公共充电桩来看，高速公路上的许多服务区并没有配备充电桩，即便是有充电桩的服务区,数量也并不多,再加上现有的一些充电桩会面临着被燃油车占位的情况,所以排队是不可避免的。

整体来讲,充电配套的基础设施还是远远不足的,驾驶纯电动汽车出行至一些偏远地区的话,由于基础建设的问题,充电焦虑和续驶里程焦虑的情况会时常出现。

问题197 新能源汽车何时会彻底取代燃油车?

新能源汽车能否彻底取代燃油车,取决于燃油车何时不再生产,而这又取决于各国对于环境保护的支持力度。从长远来看,纯电动汽车取代传统燃油汽车必将成为事实。

2021年11月10日,中国和美国在联合国气候变化格拉斯哥大会期间发布《中美关于在21世纪20年代强化气候行动的格拉斯哥联合宣言》。宣言的具体内容在此我们不过多解析,通过中美两个世界上最大的碳排放国的联合行动,相信其他的碳排放大户也必将采取行动,由此来看,新能源已经是大势所趋。

对新能源汽车厂商来说,这显然是个巨大的利好消息。而对那些至今还在怀疑电动汽车必要性的厂商来说,这无疑是当头一棒。

目前来看,全球多个国家和地区都已经启动了不同的禁燃计划,具体见表9-8。

表9-8 全球部分国家和地区禁燃时间表

期限	国家和地区	禁售范围	提出方式
2025	挪威	禁售燃油车	国家计划
2025	荷兰	禁售燃油车	议案
2029	美国加州	禁售燃油公交车	政府法令
2030	德国	禁售传统燃油车	议案
2030	印度	全面禁售燃油车	官员口头表态
2030	中国海南	全面禁售燃油车	省级规划
2030	中国台湾	禁售传统柴/汽油车	行动方案
2040	法国	全面禁售燃油车	官员口头表态
2040	英国	禁售传统柴/汽油车	官员口头表态、交通部门战略

其实,在2021年联合国气候变化格拉斯哥大会期间还出现了一份声明,沃尔沃、福特、通用汽车、奔驰、比亚迪、捷豹路虎等主要汽车制造商承诺,到2040年在全球范围内逐步停止化石燃料汽车的生产,请注意,这其中就有中国的比亚迪。与此同时,其他一些

电动汽车领域的制造商也签署了这项承诺,签署方还包括全球多地政府,他们承诺到2040年在全球范围内实现所有新车和货车的零排放,到2035年在主要市场实现零排放。

行业大势如此,各大跨国厂商也都有着不同的进度和时间表(表9-9),他们"从油向电"的速度,决定着未来的市场主角切换的速度。20年之后,公众熟悉的很多跨国汽车品牌都将告别燃油车。

表9-9 跨国汽车品牌公布的全面电气化时间表

期限	品牌
2017	Polestar
2022	Smart、兰博基尼、悍马
2024	道奇
2025	捷豹、日产、英菲尼迪、标致、雪铁龙、DS、阿尔法·罗密欧、玛莎拉蒂
2026	奥迪、宾利、阿斯顿·马丁
2028	路特斯、欧宝
2030	布加迪、奔驰、迈巴赫、AMG、宝马、MINI、劳斯莱斯、沃尔沃、雷诺、达契亚、菲亚特、福特、雷克萨斯、马自达、捷尼塞思、迈凯伦
2035	大众、别克、雪佛兰、凯迪拉克、GMC、斯巴鲁、现代、起亚
2040	本田、讴歌

其中,奥迪计划从2026年起只推出纯电动汽车,GMC将在2035年前放弃内燃机汽车,宝马预计到2030年将碳排放量降低至少三分之一。用一个词来概括这些传统厂商对电动汽车的态度,那就是"亦步亦趋"。

在国内,各大车企也陆续公布了全面电气化的计划,见表9-10。其中,比亚迪于2022年4月19日正式宣布停止生产燃油车,专注于纯电动和插电混合动力汽车业务。

表9-10 中国汽车品牌公布的全面电气化时间表

期限	品牌
2022	比亚迪(2022年4月19日正式宣布停止生产燃油车)
2025	长安(全面停售传统意义燃油车,全谱系产品电气化)
2030	红旗(除极个别国家特殊需要车辆以外,将实现全面电动化转型)
2045	长城(2025年新能源占比达80%,2045年全面实现碳中和)
2045	吉利(2045年全面实现碳中和)

显然，所有的大型传统厂商都不可能一夜之间砍掉贡献了绝大部分利润的燃油车，这跟当年诺基亚对待智能手机的态度是一样的。一面追，一面拖，慢慢寻找平衡点，这就是他们的策略。

回顾历史，现在的燃油车真正走进千家万户也就是第二次世界大战结束后到现在这70多年时间，而到2040年，电动汽车也发展几十年了，什么都有可能发生。

就目前来看，很多消费者拒绝电动车的原因，一是因为用车体验不佳，充电难、充电慢、续驶里程短等问题突出；二是因为目前的燃油车没什么"毛病"，性价比仍然在电动汽车之上。但汽车行业全面电动化的大旗之下，什么阻碍因素都能解决，这就跟十几年前的功能机爱好者、一百多年前的马车爱好者一样。一辆四轮马车，视野无比广阔，空气永不沉闷，马蹄声令人心醉，360°无死角环绕立体自然风，有草的地方就能实现无限续航……然而，这挡住燃油车普及了吗？

对于纯电动汽车的性价比，中国电动汽车百人会理事长陈清泰在2020年的年初曾提到了一个重要的时间节点：2025年。他预计，到2025年前后，电动汽车的性价比将超过燃油车，太阳能、风能等可再生能源的发电成本将低于现在的化石燃料，随后电动汽车的普及率将大幅提升。

更重要的是，当其性价比超过燃油车之后，电动汽车的市场规模将迅速放大，不少传统车企将找到利益的平衡点。真正到了那个时候，传统车企会自动向燃油车开刀。

无论我们个人愿意与否，走过百年历史的燃油车，似乎真的会在不久的未来迎来终结。毕竟石油总有枯竭的一天，现阶段的环保态势也更加严峻，新能源汽车的确是汽车发展的重要出路之一。而且，有如此多的相关部门、车企和研究机构等持续致力于开发、研制、规范和生产新能源汽车，我们相信新能源汽车会越来越出彩！20年后，无论是消费者还是车企，都很有可能不再怀念燃油车了。

问题198 插电混动、纯电动、燃料电池谁将主导新能源车市？

在解答这个问题之前，我们先来看看市场消费者对于新能源汽车的看法。

2022年，咨询机构iiMedia Research针对新能源汽车的未来做了一项调研，36.6%的中国消费者认为纯电动汽车最有发展前景，35.7%的消费者认为混合动力汽车最有发展前景，另外，还有15.8%支持生物燃料汽车，8.5%支持氢燃料电池汽车，3.4%支持燃气汽车如图9-22所示。那么，从技术路线的角度来看，事实又是否如消费者所期待呢？

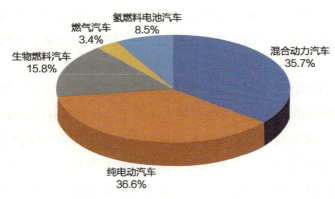

图9-22 2022年中国消费者认为最有发展前景的新能源汽车类型调查

首先，不管看好哪种动力系统，消费者对新能源汽车接受度不断提高是毋庸置疑的。

乘联会秘书长崔东树发布的全球新能源车市格局报告指出，2021年全年全球广义新能源乘用车销量达到937万辆，插混、纯电动、燃料电池的狭义新能源乘用车全球销量达到623万辆，同比增长118%。其中，中国新能源乘用车世界份额达到53%。纯电动汽车在中国新能源汽车中占比较高，2021年度纯电动占比达到了73%，是新能源汽车最重要的一个分支，插电混动车占比27%，燃料电池车的占比太小，几乎为0，见表9-11。

我们可以初步得出结论：插电混动车型的占比从大趋势上是下降的，纯电动车型的占比在不断提升，而以氢燃料电池车为代表的氢燃料车型目前来看，占比还非常微弱。

接下来，我们再来逐一分析。

（1）插电混动汽车

插电混动汽车是在传统内燃机基础上增加一套电池系统，可油可电的灵活补能方式是其优势，续驶里程长是不争的事实，但很多消费者忽略了一点：要想实现超长续驶里程，必须确保电池充满电。而说起充电，插电混动汽车仍摆脱不了充电桩，如要凸显其优势的话，其对充电桩的依赖不比纯电动汽车弱。而多数消费者为避免充电麻烦，不对插电混动汽车充电，这就和燃油车没有什么区别了。而且，插电混动以内燃机为主，电池系统价格下降的空间有限，未来，价格将会是制约插电混动发展的重要因素。换句话说，汽车行业的能源变革进程中，插电混动只是过渡。

（2）纯电动汽车

目前而言，大多数人的共识是：纯电动汽车是未来汽车的方向，大家也都认为纯电动汽车环保且节能，能够缓解城市的污染压力和排放压力。而且，纯电动汽车应用的锂电池技术已经得到了大规模的应用，随着电池成本的快速下降，纯电动汽车的未来价格

表9-11 2006—2021年世界广义新能源乘用车市场走势

年份	数量/万辆					份额（%）				汽车份额（%）			
	新能源	混合动力	总计	传统车	总体汽车	纯电动	插混	氢	总计	纯电动	插混	混动	纯燃油车
2006年	0	23	23	6542	6565	98		2	100	0.0		0.3	99.7
2007年	0	35	35	6836	6871	97		3	100	0.0		0.5	99.5
2008年	0	36	36	6478	6514	79		21	100	0.0		0.6	99.4
2009年	0	61	61	6306	6367	95	4	1	100	0.0	0.0	1.0	99.0
2010年	0	82	83	7036	7119	78	21	1	100	0.0	0.0	1.2	98.8
2011年	4	81	85	7401	7486	78	22	0	100	0.0	0.0	1.1	98.9
2012年	11	147	158	7812	7969	48	52	0	100	0.1	0.1	1.8	98.0
2013年	17	153	170	8109	8278	59	41	0	100	0.1	0.1	1.8	98.0
2014年	25	157	182	8383	8565	62	38	0	100	0.2	0.1	1.8	97.9
2015年	37	142	179	8577	8756	66	34	0	100	0.3	0.1	1.6	98.0
2016年	77	177	254	8898	9152	62	38	0	100	0.5	0.3	1.9	97.2
2017年	117	200	317	9092	9408	64	36	0	100	0.8	0.4	2.1	96.6
2018年	189	212	402	8933	9335	68	32	0	100	1.4	0.6	2.3	95.7
2019年	212	229	441	8540	8981	74	25	0	100	1.8	0.6	2.5	95.1
2020年	285	230	515	7288	7803	69	30	0	100	2.5	1.1	3.0	93.4
2021年	623	314	937	6434	7372	73	27	0	100	6.1	2.3	4.3	87.3

下探也在所难免。但目前其劣势也很明显：能量密度低、充电速度慢、电池寿命衰减、电池成本不低。这四大痛点目前仍在制约着纯电动汽车的大规模普及，或许这些难题在未来可以得到妥善解决，但目前仍旧无法预估解决的时间。

（3）燃料电池汽车

燃料电池汽车利用车载燃料电池系统，将化学能转化为电能，从而驱动汽车运行，其所使用燃料为氢气等。氢气与氧气在燃料电池中经过化学反应，其唯一产物为水，做到了真正的清洁能源，这也是为何现代NEXO被称为"100%无公害车辆"的原因。它与生俱来的优势是能量密度高（比锂电池的能量密度高上百倍）、加氢速度快（和加油体验更为相近），有了这两项优势之后，纯电动汽车的痛点在燃料电池汽车上就完全不存在了，按理说，其发展势头应该很猛，但目前国内外在燃料电池乘用车方面的技术还不是很成熟。一旦制约其发展的因素得到解决，未来发展可与纯电动汽车互补。值得期待的是，目前国内已经有多家车企发布了氢燃料电池汽车的相关信息，见表9-12。

表9-12　国内车企氢燃料电池乘用车研发计划

年份	车企	车型/计划	概述
2020	广汽埃安	广汽埃安2020款AION LX Fuel Cell	燃料电池系统功率70kW，储氢系统压力达70MPa，总储氢量5.2kg，可实现-30℃低温冷启动，电机最大功率135kW，最大转矩350N·m，NEDC综合续驶里程约650km，3~5min可完成氢燃料的加注
2020	上汽大通	上汽大通MAXUS EUNIQ 7氢燃料电池MPV亮相	燃料电池系统功率83.5kW，储氢系统压力达70MPa，总储氢量6.4kg，可实现-30℃低温冷启动，电机最大功率150kW，最大转矩310N·m，NEDC综合续驶里程605km，3~5min可完成氢燃料的加注，配有13kW·h的三元锂电池
2021	红旗	红旗2021款H5-FCEV	燃料电池系统功率未知，储氢系统压力达70MPa，总储氢量7.25kg，可实现-30℃低温冷启动，电机最大功率120kW，最大转矩未知，NEDC综合续驶里程超800km，3~5min可完成氢燃料的加注
2022	海马	氢燃料电池版海马7X亮相	燃料电池系统功率未知，储氢系统压力达70MPa，总储氢量4kg，电机最大功率140kW，最大转矩未知，百公里耗氢量小于0.82kg，NEDC综合续驶里程520km，3~5min可完成氢燃料的加注
2023	长城	2023年推出成熟的燃料电池乘用车	—
2025	吉利	2025年推出采用氢燃料电池的量产车型	—

在当下，氢燃料电池汽车仍处萌芽期，国内市场仍处于政策引导期，2017年7月14日，中汽中心发布了《中国燃料电池汽车发展路线图》，对整个产业进行了详尽的规划，力争到2030年，逐步由公共领域向私人用车领域推广，市场规模达100万辆。

整体来看，插电混动汽车作为汽车能源变革的过渡，未来发展可能受限；随着充电桩等基础设施完善，电池续驶里程提高，用户对于纯电动汽车的用车焦虑将会减少，未来发展势头不变；燃料电池汽车的高续驶里程和绝对清洁优势明显，一旦制氢、加氢、储氢等关键技术突破，未来发展可与纯电动汽车互补，不过，这或许要十几、二十年之后才能见分晓。

> **拓展阅读**　2018年12月10日，国家发展改革委发布了《汽车产业投资管理规定》，自2019年1月10日起施行。该规定明确表示：严格控制新增传统燃料汽车产能，积极推动新能源汽车健康发展。这里值得关注的是，插电混动汽车被纳入传统燃料汽车管理，可见政策对插电混动汽车发展的限制。

问题 199　氢燃料电池汽车未来有怎样的发展规划？

氢燃料电池汽车有着续驶里程长、补能速度快、真正零污染等优势，更有研究表明，在所有的燃料技术之中，氢燃料电池的经济性最好。因此，在全球范围内，美国、德国、中国、日本和韩国等国家都陆续公布了氢燃料电池汽车以及相关的加氢站的普及计划，如图9-23所示。

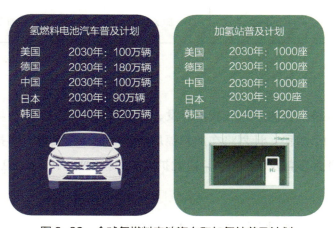

图 9-23　全球氢燃料电池汽车和加氢站普及计划

针对上述计划，全球多个国家也陆续公布了各国"氢经济"路线图，见表9-13。

表 9-13　全球各国氢经济愿景

国家	阶段	第一阶段		第二阶段		第三阶段		第四阶段
美国	时间	2000—2015年		2010—2025年		2015—2035年		2035年
	内容	氢气技术开发		初期市场渗透		扩大市场建设基础设施		实现氢经济
德国	阶段	第一阶段			第二阶段			
	时间	2025年			2030年			
	内容	氢燃料电池汽车	65万辆		氢燃料电池汽车	180万辆		
		加氢站	400座		加氢站	1000座		
中国	阶段	第一阶段			第二阶段			
	时间	2025年			2030年			
	内容	氢燃料电池汽车	5万辆		氢燃料电池汽车	100万辆		
		加氢站	300座		加氢站	1000座		
日本	阶段	第一阶段		第二阶段		第三阶段		
	时间	2020年		2030年		2040年		
	内容	氢利用规模飞跃性扩张		建立大规模氢气供给系统		建立无CO_2氢气供给系统		
韩国	阶段	第一阶段：氢经济准备期		第二阶段：氢经济扩散期		第三阶段：氢经济引领期		
	时间	2018年		2022年		2040年		
	内容	氢燃料电池汽车	1800辆	氢燃料电池汽车	8.1万辆	氢燃料电池汽车	620万辆	
		加氢站	14座	加氢站	310座	加氢站	1200座以上	

（1）美国

美国将"氢经济"分为了氢气技术开发、初期市场渗透、扩大市场建设基础设施以及实现氢经济这四个阶段，计划将在加利福尼亚洲等11个州实行"零排放信用"制度，直到2050年达到环保车普及率的27%，以此扩大氢燃料电池汽车与加氢站的普及率。

（2）德国

德国政府和企业合作设立了"H₂ Mobility Industry Initiative"，计划在2025年普及65万辆氢燃料电池汽车及400座加氢站；2030年普及180万氢燃料电池汽车及1000座加氢站。另外，德国政府正在计划将再生资源与"氢经济"相结合，利用太阳能与风能的剩余电能，构建氢气生产、运输、储存、利用的全环保"氢经济"能源体系。

（3）日本

日本计划到2030年实现一系列与氢经济有关的目标，包括：普及90万辆氢燃料汽车和1200辆氢燃料巴士、建立900座加氢站、普及530万个家用燃料电池、氢气发电单价达到17日元/kW·h等。为了实现这一目标，日本正在构筑国际氢气供应网，把利用澳大利亚褐煤等国外未利用能源所生产的氢气运输到本国加以使用。

（4）中国

在2015年发布的发展规划中，氢燃料电池汽车的开发和普及被列为国家核心事业，计划到2030年普及100万辆氢燃料汽车，建设1000座加氢站。而为了实现氢燃料电池汽车顺利普及的目标，中国目前正在逐步减少对纯电动汽车、插电式混合动力汽车等其他环保型汽车的补贴，计划保持对氢燃料电池汽车的补贴。与此同时，开发和普及氢燃料巴士也是中国氢经济的方向之一，目前在国内约有13家制造商正在开发包括氢燃料巴士在内的氢燃料电池汽车。

（5）韩国

韩国在移动型氢能源领域的表现比较突出，现代汽车于2013年首次成功量产氢燃料电池汽车后，又于2018年推出了一款名为NEXO的第二代氢燃料电池汽车，最新款的现代NEXO搭载了现代汽车的第四代燃料电池技术，在氢燃料电池汽车领域有一定的竞争力。但由于加氢站建设不足导致这款车的普及度并不高，市场成熟度低于产业成熟度，所以后续韩国想要在氢能源领域中更上一层楼的重点就是在于加氢站的建设。根据路线图，韩国将以其具有优势的氢燃料电池汽车和燃料电池技术为支柱，实现在2040年普及620万辆氢燃料汽车、建设1200座加氢站的目标。

问题200 全民新能源时代何时会到来？

时至今日，已经有不少人开始展望全民新能源时代的具体面貌了。确实，不管是这两年新能源汽车销量开挂般的直线上升，还是几家头部新能源汽车品牌持续走高的股价，都在时刻释放着将燃油车取而代之的信号，甚至已经有"市场拐点已经到来"这种声音的存在。在探讨这个问题之前，我们先看看国内外的现状。

纵观欧洲、美国、中国三大新能源汽车市场的现状和未来，2021年新能源汽车的渗透率分别为10%、4.3%和13.4%，如果以50%作为拐点来计算的话，结合当前的规划来看，欧洲或许会在2025年达成，美国或许会在2030年达成，中国或许会在2035年达成。或许到那时，才是真正拐点的到来。

当然，速度是一回事，加速度又是另一回事。

前面说了很多有关销量拐点的事实和预测，但和全民新能源时代背后的意义并不相同。如果一直能够保证当前这个增长速度，拐点距离现在并不会太遥远。但是，如果忽略所有可能影响到销量的因素，简单地认为这个增速可以一直保持，那显然也是不对的。

虽然全球各个国家都在忙着给燃油汽车制定禁售时间点，基本集中在2030—2040年，但或许这个时间线并不能精确地代表着全民新能源时代会在那个时候到来。

首先，新能源汽车真正能达到取代燃油车的标准是能够在性能上达到同等水准或者在上下一定范围内波动。但对这种条件的达成太过依赖储能技术的发展，不管是能量密度还是充电速率都是难点。除此之外，新能源汽车想要真正取代燃油车，还需要解决诸如运营生态、电网能力、电池技术、报废回收等老大难问题，当下存在于PPT内的下一代前瞻产品距离传统燃油汽车还有一定距离，何时能完成这最关键一环的量产，现在还是个未知数。在解决这些问题之前，谈不了全面的绝对取代。

其次，传统燃油动力发展到现在，已经到达了一个瓶颈期，但这并非是天花板，简单地如糟粕一样完全抛弃似乎有些太过武断，毕竟发动机的热效率和碳排放，一个是逐年提升，而另一个则是逐年下降。因此，即便是碳排放的概念在近两年呼声越来越高，但不管是燃油车还是新能源，降低其碳排放才是主要目标。毕竟我国火电仍然占据大多数，在新能源汽车突破技术瓶颈之前，燃油汽车还有活动在市场上的价值和理由。

我们这一代人是幸运的，见证了不止一次的时代变迁和新旧替换，新能源汽车和传统燃油汽车的迭代就是其中之一。在这场迭代中，拐点的到来应该会很快，但全面取代仍然无法下定论，破局的重点，就在新能源汽车当前仍然存在的一系列难题上。

参考文献

［1］中华人民共和国工业和信息化部.工业和信息化部关于修改《新能源汽车生产企业及产品准入管理规定》的决定［R/OL］.（2020-07-30）［2022-07-01］https：//wap.miit.gov.cn/xwdt/gxdt/sjdt/art/2020/art_c1b96a36c1c444febe93f5d463111103.html.

［2］全国电气安全标准化技术委员会.特低电压（ELV）限值：GB/T 3805—2008［S］.北京：中国标准出版社，2008.

［3］阎春利，李长威.汽车发动机原理［M］.北京：机械工业出版社，2014.

［4］李彦龙，朱晖，杨志刚.基于低风阻的电动汽车造型设计［J］.同济大学学报（自然科学版），2017，9：1366-1371.

［5］李勇，李州.纯电动汽车中控台造型设计现状及发展趋势研究［J］.设计，2021，3：118-121.

［6］中华人民共和国公安部.机动车运行安全技术条件：GB 7258—2017［S］.北京：中国标准出版社，2017.

［7］LIU Z, DANG X, JING B, et al. A Novel Model-based State of Charge Estimation for Lithium-ion Battery Using Adaptive Robust Iterative Cubature Kalman Filter［J］.Electric Power Systems Research,2019,177（Dec.）：105951.1-105951.11.

［8］潘佳琪.电池管理系统 SOC 估计及均衡策略优化研究［D］.北京：北京交通大学，2021.

［9］SUN W B, et al. A Switched–Capacitor Battery Equalization method for improving balancing speed［J］.IET Electric Power Applications, 2021,15（5）：555-569.

［10］岳振廷.刀片电池，是新能源汽车动力的新跨越吗［J］.企业观察家，2020，4：90-91.

［11］中华人民共和国工业和信息化部.电动汽车用动力蓄电池安全要求：GB 38031—2020［S］.北京：中国标准出版社，2020.

［12］GARCIA-MENDEZ R, SMITH J G, NEUEFEIND J C, et al. Correlating Macro and Atomic Structure with Elastic Properties and Ionic Transport of Glassy Li2S-P2S5（LPS）Solid Electrolyte for Solid-State Li Metal Batteries［J］. Advanced Energy Materials . 2020（19）：144-151.

［13］李佳伦.固态锂电池用 PVDF-HFP 基多相复合电解质的制备及性能研究［D］.青岛：青岛大学，2022.

［14］姊川尚史，胡瑞娟.直流快充电技术国际标准化的前景［J］.汽车与新动力,2021（1）：6-10.

［15］DAVIS L I, DAGE G A, HOESCHELE J D. Conditions for Incipient Windshield Fogging and Anti-Fog Strategy for Automatic Climate Control［C］// SAE Technical Paper.NYC：SAE, 2001.

［16］吴唐琴.锂离子电池产热和热诱导失控特性实验研究［D］.合肥：中国科学技术大学，2018.

［17］杜光超.三元锂离子电池高温热失控试验与仿真研究［D］.青岛：青岛大学，2021.

［18］黄波.纯电动汽车三合一电驱动系统开发与研究［D］.重庆：重庆大学，2020.

［19］王迪，尚秉旭，陈志新，等.轮毂电机及其电动车技术发展综述［J］.汽车文摘，2019（11）：40-44.

［20］付德华.轮毂电机转矩波动建模与试验［D］.长春：吉林大学，2021.

［21］TUNCAY R N, USTUN O, YILMAZ M, et al. Design and implementation of an electric drive system for in-wheel motor electric applications［C］//IEEE Vehicle Power and Propulsion Conference.NYC：IEEE, 2011：1-6.

［22］王成元，夏加宽，孙宜标．现代电机控制技术［M］．北京：机械工业出版社，2014．

［23］EBERLEH B HARTKOPF T. A High Speed Induction Machine with Two Speed Transmission as Drive for Electric Vehicles［C］//International Symposium on Power Electronics, Electrical Drvies, Automation and Motion.［S1：sn］, 2006.

［24］DE FLUITER T. Design of Lightweight Electric Vehicle［D］.Hamilton：University of Waikato,2016.

［25］卢文轩，严星，陈平，等．纯电动汽车电驱系统集成化前沿趋势［J］．汽车工程师，2019（10）：16-18，59．

［26］吴业正，朱瑞琪，李新中，等．制冷与低温技术原理［M］．北京：高等教育出版社，2004．

［27］PENG Q, DU Q. Progress in Heat Pump Air Conditioning Systems for Electric Vehicles—A Review［J］. Energies, 2016，9（4）：240.

［28］张子琦．电动汽车热泵空调系统及降能耗策略研究［D］．上海：上海交通大学，2020．

［29］董绪伟．电动汽车人体电磁暴露安全评估研究［D］．兰州：兰州交通大学，2019．

［30］环境保护部辐射环境监测技术中心．电磁环境控制限值：GB 8702—2014［S］．北京：中国标准出版社，2014．

［31］全国汽车标准化技术委员会．车辆电磁场相对于人体暴露的车辆方法：GB/T 37130—2018［S］．北京：中国标准出版社，2018．

［32］程海进，魏万均，杜彦斌．动力电池系统高压安全分析及标准解读［J］．重庆理工大学学报（自然科学），2017，31（8）：4-9．

［33］陆中奎，陈勇，刘天鸣．纯电动汽车碰撞高压安全系统设计及控制策略［J］．重庆理工大学学报（自然科学），2019，33（03）：13．

［34］程刚．大功率直流快充充电桩关键技术的研究［D］．西安：西安工程大学，2018．

［35］齐创，朱艳丽，高飞，等．过充电条件下锂离子电池热失控数值模拟［J］．北京理工大学学报，2017（10）：1048-1055．

［36］楼佳烽．800V架构电动汽车极速充电设计挑战［J］．汽车电器，2021（6）：20-21,26．

［37］TRAN D H, VU V B, CHOI W. Design of a High-Efficiency Wireless Power Transfer System With Intermediate Coils for the On-board Chargers of Electric Vehicles［J］.IEEE Transactions on Power Electronics, 2018,33（1）：175-187.

［38］BIRRELL S A, WILSON D, YANG C P, et al. How Driver Behaviour and Parking Alignment Affects Inductive Charging Systems for Electric Vehicles［J］. Transportation Research Part C-E-merging Technologies, 2015,58：721-731.

［39］姚华文．电动车无线充电系统三角定位技术的研究［D］．哈尔滨：哈尔滨工业大学，2021．

［40］石玉东，蒋卓臻，高红均．促进风电消纳的配电网分布式电源与电动汽车充电站联合鲁棒性规划［J］．可再生能源，2018,36（11）：1638-1644．

［41］FAYAZ H, SAIDUR R, RAZALI N, et al. An Overview of Hydrogen as a Vehicle Fuel［J］. Renewable and Sustainable Energy Reviews, 2012,16（8）：5511-5528.

［42］刘丹．探究电动汽车用锂电池的现状及其发展趋势［J］．内燃机与配件，2020（17）：176-177．

［43］周华英，陈晓宝．纯电动汽车的结构与原理［M］．北京：北京理工大学出版社，2016．

［44］SHARMA A,STREZOV V. Life cycle environmental and economic impact assessment of alternative transport fuels and power-train technologies［J］.Energy, 2017,133：1132-1141.